悲傷總是不請自來，必須親自走過，
才能好好告別逝去的人和曾經的自己

少了你，我該怎麼辦？

The Elements

凱特．李斯特 Kat Lister／著　龐元媛／譯

目次

獻給　派特・隆恩（Pat Long）

我的人生不是你看見我匆匆走過的
那飛速流逝的時光
我是站在背景前方的一棵樹
我是我眾多嘴巴的其中一張
是最先閉上的那一張

我是兩個音符之間的休止符
他們倆好不情願，勉強湊對
因為死亡要做最響亮的音

但在那黑暗的音程
他們顫抖著，握手言和
美妙的樂聲得以繼續。

——萊納・瑪利亞・里爾克，*The Book of Hours*，一九〇五年

前言

開始我的孀居人生

你可曾看過一大片雲朵，像粉筆一樣刷白了遠方的地平線？一縷縷的水氣是一條條的直線，朝著地面不斷下降。那一大片半透明的簾幕，是一綹綹懸垂的觸鬚，每一根都還來不及碰觸到固態的地面，就已從液體蒸發為氣體。

有人說，那是**天上的水母**。

我說，那是**悲慟**。

我上一次看見這種氣象異象，是在二〇一九年春季，外子逝世十個月之後。我站在倫敦東南區的屋頂停車場上，眺望著鐵軌，遠方瓷片般的天空那銳利的尖端，出現大理石紋般一條條鴿灰色的線條，吸引了我的目光。我一時沉溺在這些奇詭的彎曲線條，這些逐漸碎裂的指尖，正好呼應我內心那些移動的幻影。一再變形的天際線，一如我的孀居生涯的朦朧輪廓。就像那個週六午後的天空，有水滴，有汙漬，有曲線，有條紋，最後蒸發成氣體。看上去像是消失了，其實完全沒有消失，只是從一種狀態轉化為另一種。

這次在停車場上演的悲傷顯現記，並不是我第一次為了鑽研內心的悲慟，而走入大自然。我的人生在二〇一八年天翻地覆，當時我投向火、水、土、風這大自然的四大元素，才得以理解內心那些狂亂的感覺。刺痛皮膚的炙熱火焰，還有皮膚之下翻騰不息的海浪。在我肢體四周相互纏繞的樹根，還有拔地而起的強風，刺穿了我，纏亂我的頭髮。

大自然的四大元素有時讓人難以承受。在我剛失去另一半的那段日子，我繞著住家附近的公園行走，四大元素相伴在側，往往是在雨中步行，雨點輕輕打在雨傘上，啪啪作響，有一種安心感覺。到了夜晚，我在客廳壁爐堆起細細的火柴，看著芥黃色、杏黃色的搖曳火舌，一路劈啪膨脹成暗紅色的熊熊怒火。

在他離我而去的第一個冬季，凌晨三點的星光之下，我難以成眠，風吹過庭園中白樺樹的樹葉聲，給了我慰藉。樹根與樹枝。循環與移動。我窗外的世界窸窣作響。我的家變成一個時空膠囊，時時提醒我失落了什麼，於是我常常在清晨時分，在家中四處晃蕩，拿起我先生的毛衣，把臉埋進有小絨球的衣袖，祈求他能跟我說話。

我無論走到哪裡，都看見他的身影。書架上擺得整整齊齊的，那一本本飽經滄桑的約翰·勒卡雷（John Le Carré）作品。塞在冰箱深處的一罐罐健力士啤酒。隨意扔在水槽邊的牙刷。夾雜在我的待洗衣物中，他的待洗衣物：舊襪子、他很喜歡的上衣、褪色的牛仔褲。東一件，西一件不起眼的物品，就像陰森的犯罪現場，見證了過往，陳列著一段共享的人生，一條流失的性命。這些物品就像浮標，四散在我的悲慟小艇周圍，就在這間屋子裡漂浮。這是我們生活的屋子，是我們心愛的屋子，如今卻冷清到讓人無法忍受，一大片陌生的黑暗。

我的故事從這裡開始，在我先生於安寧機構的病床上逝世的幾天之後，我在天崩地裂過後的斷垣殘壁中夢遊，置身在陰影與過往生活佔據的陌生境地。清醒終究不敵半夢半醒的幻覺，以及不請自來的記憶。畢竟要到夜晚，他溫和的身影才會顯露。我在半夢半醒之間，感覺他確實短暫回到我身邊，彷彿天上有一個通道，能讓置身在兩個世界的我倆重聚。也許真是這樣，真能重聚，只是很短暫。

但魔法是短暫的幻覺。所有的咒語終究會破滅。幾週累積成幾月，四季不斷更替，地球默默轉動。我感覺內心泛起漣漪，有個聲音一再叫我重新出發，一再對我說，**不能因為悲慟而停擺**。但這些感覺也流露出過往，時而拉著我往前走，時而帶著我向後退，我漸漸脫離那個我所認得的三十五歲女人，那個曾經的我。

我好想動起來，卻又害怕放下。就在這矛盾的當下，死亡將我一分為二，製造出兩個我，在白晝與黑夜，舞動著，爭吵著。

我先生死於腦部腫瘤「神經膠質母細胞瘤」（glioblastoma）之後的十二個月，很多人問我那是什麼感覺，愛是什麼感覺、悲傷是什麼感覺、失落又是什麼感覺。這些人就像看見撞成一團廢鐵的汽車，好奇到把頭伸進破碎的擋風玻璃內一探究竟，還要叫車子裡面垂著頭的駕駛，指出身上哪個地方會痛。疼痛是不可或缺的，我們感覺到疼痛，才會知道自己受傷，也才能避免再受傷，但疼痛也很難量化。「失落」沒有所謂的芮氏規模。你從一種極端情緒衝向另一種，也沒有一種測量工具，能告訴你每天走了多遠。與你的心相連的那一顆心不再跳動，你又豈能感受到自己的心跳。

我在二〇一八年冬季開始寫作，**直接面對悲慟的醜陋面**，但我繼續寫作，是為了吸收這些醜陋面。唯有如此，我才能控制內心經歷的種種。一種強烈的變化在我體內上演，似乎把我從固體變為液體，再變為氣體。在尋常的日子裡，我推著推車走過超市走道，跑下地鐵的電扶梯，趕著上班去，在家附近的餐廳排隊，等著外帶咖啡，這種變化就在一天之內發生。

沒人告訴過我，原來悲慟能掌控你的潛意識，無情侵入你的身體，顛覆你的靈魂。在我先生剛去世的那段日子裡，我在斷垣殘壁中，拚命找尋他的身影。但久而久之，我開始向內追尋，不再尋找身旁少了什麼，而是尋找內心的巨大缺口。也許正因如此，我才會轉而向鰥寡寫作者、科學家，以及學術書籍求助，想平息內心批判的聲音。那聲音對我說，我不該這樣哀痛。當時的我在尋找答案，想向那些從未有人對我說過的道理尋求慰藉。

一個下著雨的午後，我在倫敦的衛爾康圖書館（Wellcome Library），身旁全是醫學書籍。我從書上看見美國原住民婦女的故事。美國亞利桑納州西北部的一群霍皮族（Hopi Tribe）遺孀，喪夫之痛始終難以化解，竟會同時產生幻覺，看見亡夫的身影。我在書上也看到，海豚會伴隨另一半的屍體數日，自己不吃也不睡。大象會一再回到伴侶的遺體旁。我也得知「哀傷的鵝」失去另一半之後，會離開群體獨自生活，體重也會減輕。我讀到這一段，不知怎的竟感到安慰。

我幾乎被法律文書淹沒，全是些例行的政府作業，似乎把他的死亡變成一件很尋常、很正常的事情。我躲進神話故事，逃離現實。遙遠的王國拽著我離開現實。在精靈居住的魔法國度，有會說話的河流，沒有雙手的少女，還有嗥叫的母狼。野獸不能說話，只能嗥叫。一朵染血的嬌弱白玫瑰。哥德式散文編織瘋狂的世界，彷彿蜘蛛的大網環繞著我。

我後來才知道，這些故事並未帶我逃離現實。作家安潔拉・卡特（Angela Carter）曾說，神話故事是「描寫過往的科幻小說」，是「熊與流星的國度」。也許這就是我如此熱中的原因。我步入虛構的世界，幻想將我所失去的送還給我，野獸的象徵讓我回歸那份愛，重返那種震驚。我看過越多神話故事，就越明白這些虛構的奇異故事，全都述說著死亡。我用黑色馬克筆填寫喪葬表格，死亡是我唯一有感的敘事。於是我自己飾演沒有雙手，躺在病床尾端的少女。我也是染血的白玫瑰。我還是母狼，嗥叫著，看著嗎啡將他帶走，離我好遠好遠，前往態與流星的遙遠國度。

但是，住在倫敦東南區，那位三十五歲遺孀的真實人生故事又是什麼？這可比較難找。我在書架上拚命尋找她的蹤跡，心想這位善良的半人半神，可能躲在字裡行間的空白。但我沒找到。我身心殘缺，難以度日，又找不到可供參考的論述，只能訴諸唯一的辦法：寫作。我無法言語，想說的話在我體內狂跳。我在記事本、日記本上書寫、使用筆記應用程式、在餐巾上隨意寫上幾筆，也在丟棄的信封上塗鴉，述說自己的故事。

我在家中到處儲藏片段的記憶，唯恐遺忘。一個版本的我留下神祕的線索，讓另一個版本的我去尋找。接下來的幾個月，我變成一個行走的時代謬誤，在內心與逝去的丈夫交談，模擬日常互動。悲慟可以把一個人分裂成幾個形體，這些形體有時還能隔著時空溝通。從很多方面來看，這本書記錄了不同型態的我：妻子與遺孀、目擊者與報導者。曾經的我，未來的我。

如果要追求的目標，是徹底脫胎換骨，那我想悲慟已將我變成探索者。我的故事似乎與我小時候愛聽的那些，能讓想像力盡情奔馳的超現實睡前故事有關：穿透鏡子的愛麗絲、桃樂絲與她的便鞋，還有露西走入塵灰滿布的衣櫥，前往納尼亞王國。這些虛構人物千里迢迢前往遙遠的國度，得到珍貴的寶物，才終於踏上回家的路。

我的黃磚路帶領著我，從安達盧西亞的崎嶇山峰，到墨西哥太平洋沿岸的惡水。冬去春來，我度過了沒有先生在身邊的第一年，走向戶外的深處，愛上野性原始的森林，千變萬化的天空。我在高聳的榆樹、窸窣作響的樹葉下漫步，感覺到腳下的地面，也找到內心的話語。於是我打開空白筆記本，開始寫作。

我的孀居人生，對我來說是全新的體驗，但放在遙遠的國度來看，我希望能帶給別人一些關於離開與回歸的啟發。一種神祕的迴路，帶領我們找回自己。我們難道不是在人生的某個階段，都曾突然落入某種「森林」？我們累積了那麼些閱歷，還不是想從那些榆樹之下，找回一些無形的東西？想找回逝去的感受、破碎的關係、更年輕的自己？誰都曾經漫無目的晃蕩，沉浸在過往的歲月，想找出熟悉的映象、值得努力的未來，以及契合心境的論述。你還在尋找嗎？我也是，這本書就是明證。把地圖燒掉吧。這是失落，是一種非存在的狀態，由希望推動著向前，是一種即使身陷創傷與絕望的深淵，依然旺盛的強烈感覺。

從這個角度想，也許我的故事也可以是你的故事。如果說哀悼亡夫的第一年，給了我什麼啟示，那就是大自然的四大元素無所不在。只要我們願意接受新的可能性，遲早都會有不願失落的東西。我希望我的故事，能帶給曾經跟我一樣，瘋狂在書架上尋找自己的年輕遺孀一些安慰。但我也有一些話，想跟承受過重大失落的人分享。他們失去的也許是他們所相信的，他們冒險得來的，或是他們所愛的。這種失落讓一切變得好遙遠，也讓人聯想到失落的英文字loss起初在日耳曼語字源的意義：**解開**、**分開**、**分割**。

也許死亡是最大的擾亂，最終極的失落，永遠改變了**往後的人生**。但這並不代表你不能重新塑造你的人生。在我孀居人生的第一年，我看著我過往的人生溶解、冒泡，從一種狀態變為另一種，有時又回歸原本的狀態。我寫在這本書的文字，並不見得會在你的人生一一上演。我們都是化學反應。四大元素也在我體內發揮作用。就連我寫下這段文字的時候，也還是不斷在改變。

到底會變成什麼樣子？我到現在還在思考。這種創傷後恢復的實體過程，在科學上叫做「創傷癒合」，但即使奇蹟似地重新生長，也不會是原來的樣子。傷痕永遠留存，忠實呈現受傷的經過。我藉助文字的力量，說出我的故事。文字就像天上一簇簇的燦爛星斗，帶領我走出幽暗的森林。

凌晨三點的星光下，是文字的力量為我續命。

第一部：火

見灰燼當知必有火焚
亡者飛升，魂靈不遠
灰燼再不堪，亦當敬心追念

火起，先見光
再見諸般盡成灰
唯有熟諳化學者
方知被焚為何者

——埃米莉．狄更生（Emily Dickinson），「見灰燼當知必有火焚」（‘Ashes denote that Fire was’），一〇六三號詩，約於一八八六至一八九六年出版

第1章

現在還沒到走的時候

那時的我悲痛欲絕，也許是一時失去理智，才會舔舐指尖的骨灰，將他吞入體內。味道嘗起來像灰燼。兒時營火晚會的記憶，在我的舌尖上跳動。煙火射出時的爆裂聲、嘶嘶聲，被升空後的**砰砰砰**蓋過，父親的手緊緊捏了我的手一下。一道道耀眼光芒劃過天空。先是爆炸，震顫，再來是寂靜。我嚐到他的味道，這才回到當下，回到火、炸響與灰燼。硫磺氣味的羽狀煙雲瀰漫在空中，圍繞著黑暗中的我。我伸長脖子，瞇著眼看著暫時消失的地平線。

「我們都覺得自己的回憶是神聖的，」我先生在二〇一七年思考隔年將奪走他的性命的腦瘤，寫道，「回憶組成了自傳的地圖，為現在的我們指路。」我灑散他的骨灰那天，他說的話同樣指引著我。那是二〇一八年一個涼爽的秋季早晨，過去與現在混雜在一起。我先生遺留的哲理，彷彿兒時父親捏我的手那樣讓我安心，讓我得以在泰晤士河畔，善盡身為遺孀的責任。我將手伸入柳條骨灰盒，手掌深深插入，來回輕輕撫弄著他。他曾是一個整體，現在是好多好多個個體，就像數百萬顆一模一樣的沙粒。

將骨灰灑散在泰晤士河畔里奇蒙（Richmond-upon-Thames），是他的遺願。二〇〇九年，我們剛開始交往時，曾經到這個河彎處野餐。這是個典型的浪漫構想，但也要一點點務實規劃，才能實現。要問一些問題，要確認航海資訊，所以我才會在他死後幾天，來到泰晤士河畔，一頭霧水站在走道上，與一位嚼著口香糖，態度冷淡的船夫討論潮汐時間。他匆匆在紙條上寫下電話號碼，對我說，租船的費用是一小時八英鎊。講定了價錢，定下了時段。我媽開著她的大眾波羅（Volkswagen Polo）接我們。原本是一個浪漫的遺願，突然感覺像是一次物流測試。結果只有兩種：通過或無法完成。

我將骨灰盒放在車子後座，自己坐在旁邊，一路上聽著廣播四台（Radio 4）悅耳的咕噥。我閉上眼睛，回想十年前的野餐，感覺內心泛起一陣悸動。腳趾間溼溼的草的感覺。他的手指沿著我的頸背一路撫摸的感覺，四肢、雙眼，嘴巴碰觸到皮膚的感覺。

期待。

我沒想到那天會跟他見面。前一天晚上是我們第一次約會，是有黑胡椒伏特加相伴的難忘回憶。我帶他到牧羊人叢林區（Shepherd's Bush），我最喜歡的一家波蘭餐廳。我半是熱情，半是不安看著他拿著叉子，吃著盤子裡的醃鯡魚與德國泡菜。我一面大聲喝著甜菜根湯，一面向他細說我的母親在一九五〇年代末，從波蘭格但斯克（Gdańsk）一路來到倫敦的艱辛旅程。他聽得很專注，傾身向前，唯恐遺漏一字一句。有時他的回答在我聽來，是宇宙等級的和聲。

有時很難精準道出一種感受，但我很確定，我們的開篇奏鳴曲，是從那天午夜，在金鷹路（Goldhawk Road）上共享一盤李子口味波蘭餃子開始。四月陣雨啪嗒啪嗒落下，他開始展露內心。一連串的動作，打開了許多通往新奇世界的門。愛沙尼亞作曲家帕特（Arvo Pärt）的《紀念布瑞頓之歌》（*Cantus in Memoriam Benjamin Britten*）。英國後印象派藝術家華特·席格（Walter

Sickert）的陰鬱風格。我們都喜歡的喜劇演員拉里・大衛（Larry David）。還有廣式點心吃到飽這種天底下最偉大的發明。然後……**砰！**我們之間的桌子晃了晃。原來是一位酒促奶奶，把一大本伏特加酒單摔在我們桌上，話題立刻轉向不摻水的純烈酒。但要挑哪一款呢？他的食指曲曲折折指著各種口味：李子、櫻桃、蜂蜜、野牛草，最後在「胡椒」的危險地帶徘徊，一邊的眉毛揚起。

我說：「別選這個。」

他問：「有何不可？」

「我就不會挑這個。」

「妳不會挑這個？」

他倒是挑了。十二小時之後，我從超級市場走回家的路上，手機叮噹作響。他說，他恢復意識了，今天天氣這麼好，不容錯過。

「在里奇蒙碰頭好嗎？」

我們歪七扭八，手腳大張躺在河床草地上的十年之後，一個晴朗的九月早晨，我最好的朋友安迪划著船，我則是將我先生緊緊護在雙膝之間。小艇每晃動一下，我就將骨灰盒抓得更緊，心裡覺得驚奇，他竟如此沉重，離世之後還能有如此重量。船槳掠過水面，我暗自想著，沒人跟我說過這個。這種引力的牽引，死亡化為有形的塵土。我每次鬆手灑落，他都蕩漾、旋轉。我看著他在水面下膨脹、翻騰。小小一團團磷酸鹽與礦物，彷彿閃閃發亮的幾縷星塵，舞動再散開。

骨灰就是這樣，會在我們身邊徘徊不去，就像硫磺煙氣，也像偶然喚起的兒時記憶，以你意想不到的方式續命。我的經歷確實是如此。我將他灑在水上，粉末狀的他乘著微風，分散在我的頭髮上，也落在我的皮膚上。他的粉末黏附在我的雙手手掌分叉的掌紋，擠入掌紋的輪廓與縫隙。我用T恤的袖子，擦去我的iPhone螢幕上的一層胡椒粉般的骨灰。我把手伸進粗棉布工作服最上方的口袋，要拿一張面紙，卻發現他也在口袋裡。我那天之所以感到一陣發自內心的衝動，想嚐嚐骨灰的味道，也許這就是原因。

在悲傷的深淵，沒有理性存在的空間。我站在酒吧洗手間，殘存的他卡在我的指甲裡，心痛頓時轉為恐懼。這些該怎麼處理？一個原始的聲音答道，**把指尖的吃進嘴裡**。接著我打開洗手台的水龍頭，看著剩餘的他隨水流走。

想了解這個把沾滿骨灰的手指，當成雪酪冰棒舔舐的女人，我們必須回到過去，一路回到板塊移動的遠古時代。九年前，二〇一二年某個星期天的晚上，我的人生徹底改變，再也回不了頭。我先生三十五歲生日過了大約一週之後，在我們結婚一年之前，他在廚房等待水壺的水燒開，卻突然昏倒在地。

當時我們各自住在倫敦不同的地方，所以他晚上十點打電話給我，對我說他醒來以後，發現一側的臉與軀幹上有幾處瘀傷，他打算去洗個澡，他真的覺得不必衝去醫院，我聽了連忙叫他叫計程車。他一如往常，說他一**定會**，然後跳上公車。在東倫敦的急診室做了初步的電腦斷層掃描，發現我們交往的三年當中，他的大腦右側有個腫瘤不斷變大。我們後來得知，那腫瘤有一顆檸檬那麼大，必須立刻由神經外科醫生動手術，才能判斷腫瘤的類型與期數。

回顧過去總是心痛，即使到了現在也一樣。我站在焦土往下望，為了述說我的故事，必須鼓起勇氣面對過去。但我總覺得掀開舊事，總難免會稍事美化，稍稍抹平粗糙的表面。我可以把重要的細節，壓縮成一兩個段落，但你就看不見我想忘卻的那些亂七八糟的東西。而我需要面對的，正是那些亂七八糟的東西。

我想丟棄那些醜陋的東西，因為那些東西會將敘事變得複雜，還會將缺陷暴露無遺。也許暴露的是我的缺陷，也許就是這個原因。其實是我一想到那天晚上我有多天真，心裡就難受，因為我沒能預料到他會得腦瘤。有一部分的我到現在還覺得，我要是能預料到，這件事就不會發生。這話聽起來完全沒道理，但後來發生的事也同樣沒道理。

在他午夜搭公車，以及凌晨兩點在繁忙的急診室做電腦斷層掃描之間的空檔，我在家裡等消息等到睡著。我還以為他只是睡午覺睡到暈頭轉向，不小心撞到書架。他常犯這個毛病。他也常常搞丟鑰匙，次數多到我都會取笑他。我一直睡到早上七點半醒來，看見 iPhone 螢幕上的語音訊息，這才聽見他傳來的三分鐘訊息，說醫生發現他的大腦有一大團東西，他已經住院接受進一步檢查。

我小心翼翼把手機放在床頭桌上，跪在床上，一隻手不停掌摑自己的額頭，一次又一次，打得又狠又快，彷彿那隻手完全不屬於我，是別人的手。即使到現在，我還能感受到那一次次的掌摑，皮膚火辣辣的感覺。那是一種原始的衝動，想把自己抽離現況，但是全然無效，因為我滿腦子還是只有現況。我的太陽穴之間，有一把火熊熊燃燒。

回憶有時候很不可靠，尤其是創傷期的回憶，但我記得很清楚，我們第一次聽見「多形性神經膠質母細胞瘤」（glioblastoma multiforme）的那天下午，就像記得今天早上我在便利貼匆匆寫下的購物清單一樣清晰。

我還記得當時我們在荷門頓大學附設醫院（Homerton University Hospital）的諮詢室等待電腦斷層掃描副本，他把手伸進長褲口袋，拿出手機，上Google搜尋這個名詞。我還記得他刷過維基百科網頁，我拜託他別再看了，那時他臉上的表情。我還記得我們默默離開時，自動門響亮的呼呼聲。我還記得醫院大門外的一陣冷風，還有打在柏油路上的大雨。我也記得我的雙腿一彎，整個人癱倒在地，膝蓋隱隱撞到混凝土地面的感覺。我先生將我扶起，我才知道我所聽見的停車場另一頭傳來的嚎啕，原來是我自己的聲音。

醫師開了一種叫做地塞松（dexamethasone）的類固醇，作用是緩解腫脹。醫師說，這並不是治療腦瘤，只是緩解症狀，避免再度發作，緩和**腫瘤**二字的粗嘎聲。但腫瘤還是繼續嘎嘎作響，他吃了藥丸反而會過動、失眠。我每天早上在一片恍神之中走路去上班。我先生參觀了倫敦中區的一場大腦展覽。那天晚上，他一邊吃著一盤炸魚與薯片，一邊對我說著他在切割區看見的一顆青銅器時代的頭顱，動過顱骨開孔手術，開了四個孔。

我避開我家附近超級市場的水果區。

他用電子郵件傳給我柑橘類的笑話。

檸檬大小的腫瘤繼續長大。

幾星期後，他被緊急送往位於倫敦的國立神經病學和神經外科醫院（National Hospital for Neurology and Neurosurgery）地下室的手術室。他躺在手術台上，我則是正在打包東西，要搬進我們的第一個家：我用氣泡墊包裝陶器、飾品、玻璃器皿，他的神經外科醫師則在倫敦的另一頭，切除、接合、縫合，一連忙了十二小時。那天傍晚，我坐在休養室外的塑膠椅上等待消息。在走廊的另一頭，熱飲販賣機呼呼震動。空氣中有淡淡的柑橘味，也許只是醫院消毒噴霧的味道。我一聽見我先生喊我的名字，立刻從妄想回歸現實。醫生說，大塊的腫瘤已經割除。他的母親和我看著他用吸管，興高采烈啜飲著奶茶。我輕撫他的手，他說，這是他這輩子喝過最好喝的茶。就在一口口啜飲之間，我們在不知不覺中跨越了過去與未來的界線。

在休養隔間之間，這透明的一刻，這種轉變幾乎難以察覺，被他綻放的笑顏的狂喜沖淡。一週之後，切片報告出爐。醫生說，他們切除的是第二期混合型膠質瘤（oligoastrocytoma），是一種「混合的神經膠質瘤」，含有多種膠細胞，會讓他的行為難以預測。翻譯成白話文，就是他的病情很複雜，而且診斷結果可能會有變化，但至少目前病情是控制住了。

埃米莉．狄更生曾說，希望是「奇異的發明」。我覺得我懂她的意思。她認為希望是想像出來的，是憑藉意志力建構出來的。我把那些笨重的東西，那些看不懂的電腦斷層掃描報告、漫長的醫院門診治療、那些「**我們還沒到走的時候**」的含糊回應，全都聚集在一起，以我自己的無知熔合在一起。我將它們軟化、雕塑，從不去請教他的醫生，那個每天閃過我的腦海的問題：**那他什麼時候會死**？

我當時並不知道，但自從我先生確診，我就開始編造故事，逃避當前的現實。那恐怖的現實，就是我們的人生現在是建築在一個我看不見，也不甚理解的腫瘤。我先生第一次前往國立神經病學和神經外科醫院就診的那天早上，穿了西裝打了領帶，在筆記本上仔細做筆記。他的神經外科醫師拿著有蓋子的伯羅圓珠筆，繞著他右側大腦一團白白灰灰的球狀物畫了一圈，我見狀突然哭了起來。醫師一臉驚訝望著我。

醫師拿了張面紙給我，對我說：「妳應該知道是腦瘤吧？」

從那天早上開始，我整個人不一樣了，也許是分裂成兩個人。一個是懷抱希望的我，另一個是滿懷恐懼的我。診斷結果是會變化的，這我知道，我覺得我一直都知道，但我還是放任自己逃避現實。

至少百分之七十的腫瘤可以切除，但剩下的百分之三十的神經膠質瘤，永遠無法以手術處理，也一直都有突變的可能。我對於無法預知的未來有信心，但可怕的東西已經扎根落戶，不會離開。隨著時間過去，我常跟朋友說笑，說手術過後那剩下的百分之三十的腫瘤，就像我們的婚姻的第三者。有時候我學黛安娜王妃歪著頭的淘氣模樣，能有一種一切盡在掌握之中的安全感。有時候我覺得我在演一個小角色，給一頭霧水的觀眾看。那個在醫院走廊聞到柑橘園的氣味，邊等公車邊構思悼詞的半透明女人，拚了命要武裝自己。

接下來的六年，我們與一個不斷變形的腫瘤一同生活。原本一連幾個月治療有效，後來卻惡性突變，就連醫術先進的醫師，也難以預測病情。久而久之，突發狀況成為我們的日常，我咬牙承受不時降臨的災難：看著他又一次因為癲癇而摔倒在地，顯然腫瘤又變大了，我的心猛地一跳。雖然經常撥打九九九，常常半夜送急診，我先生的機智與仁厚，總能伴我度過每一次危機。我緊緊抓住他展現在外的樂觀與想像力，當成某種神奇的救生帶。直到放射治療、化學治療、新藥實驗全都無效。我的救生帶就這樣冷不防斷了。

二〇一八年夏末，我在國王學院附設醫院，坐在我先生的病床邊，以平靜的語氣，轉述他的腫瘤科醫師幾小時前對我說的話。他的腦癌惡化太嚴重，已經無法治療，因此他只能面對殘酷不堪的事實，一個科學到達不了的地方。他的壽命只剩下幾個禮拜。即使到了現在，我有時還會想起他最後遷入的安寧病房。每天早上我忙亂著拿衣服。勇敢的他坐在輪椅上，以意志力頑抗、求生。他咬牙挺過無比難捱的六週，走的時候才四十一歲。

他死後的幾個禮拜，我覺得有一小部分的我，認為往後的日子是虛無、清空，是大爆炸之後的虛空。我多年來吸收的藝術與文學，讓我以為我的心會直接停止跳動，我會連他的火葬證明都來不及申請，喪禮都來不及安排，就被徹底擊倒。這難道不是終極的悲劇？被掐斷的愛。我不願提起羅蜜歐與茱麗葉這對最著名的被命運捉弄的戀人，他們是太老套的例子。但羅蜜歐與茱麗葉畢竟是我在學校讀到的第一個劇作，也影響我對愛情與悲慟的觀念。

文學教導我們，死亡是浪漫的。死亡給讀者一個清楚明確的結尾。茱麗葉並不是唯一一位，在悲傷創痛之下做出極端的自我犧牲的女主角。安娜．卡列尼娜投向快速行駛的火車，臥軌身亡。包法利夫人打開一罐砒霜。現在想想，我在容易受影響的十來歲年紀閱讀的文學，多半是男人想像出來的，所以我所理解的悲慟，也是男人想像出來的。一個全身著火的女人旋轉著，四周的火藥發出火光，失落與不幸的命運吞噬著她，最後在燦爛耀眼的烈火中焚燒殆盡。

在現實生活中，喪慟很像人生、愛情與死亡，遠比文學作品所形容得微妙、難懂。喪慟會讓你頹喪，把你拖著團團轉。你在一個沒有形狀的真空度過幾個禮拜，每天唯一確定的事，就是不在與在。**他不在，你在**。喪慟不是鴉片催化的柯立芝（Coleridge）浪漫詩作，也不是美麗且非寫實的米萊畫作。喪慟是混亂的，粗糙的，是無情的，殘酷的。喪慟是從四面八方逼上來的壓力，擠壓我的腦袋，壓縮我日常的思考，彷彿我整個人永遠被老虎鉗鉗住。

如果你問我，極度的失落是什麼滋味，我會請你移駕到我親嚐他的骨灰的酒吧洗手間。十分鐘前，我點了一份總匯三明治當午餐，空空的骨灰盒放在雙腳之間。要說喪慟居住在哪裡，那就是這裡，就在回憶像鋼珠一樣彈向牆壁，超現實的妄想佔據大腦的時刻。但在你的周遭，**生活還在繼續**。我看著先前的人生化作粉末，消失在排水孔，幾分鐘之後，我擦去臉頰上的灰塵，把工作服的褲管整理好，把襪子拉好，回到母親與最好的朋友身邊，共進午餐。我已將他吞下，留下一股煙味，從食道滲透我的身體，再從我的毛孔流出。我大口喝下薑辣汽水，連同煙味嗖嗖吞下，拿起三明治再咬一口，沒告訴同桌的兩人，我剛才吃了什麼。

我第一次感覺到這種偷偷摸摸的錯亂，是在接到那通電話的清晨的二十四小時之後。電話的那頭對我說，我在家中睡得翻來覆去的時候，他已經在安寧病床上與世長辭。灰暗的星期六早晨，我靜靜坐在三樓會客室，距離他嚥下最後幾口氣的地方，只有幾英尺遠，心不在焉地看著前方的書架。一排排的小說，在悲痛恍惚之中可以快速翻閱，但絕對無法拿出看書該有的態度，細細品味。就像我等著領取他的遺物的時候，別人遞給我的那杯微溫的茶，這裡的一切是照本宣科的正常，也因此反常到令人反胃。我心想，一個正經八百的地方，盡是無甚特別的東西。一個絕望的地方，希望就在書架之間消散。

我總算把東西全帶回家了，他的帆布背包、死亡證明書，還有三個裝滿他的東西的塑膠手提袋。我把這些東西排成一排放在廚房，像剛買回家，等著拆開的雜貨。一一打開，一一清空，我把他的東西分門別類擺在地上，細細記錄每樣物品，像個遺產管理人。我端詳著零碎雜物，心想，**日常生活的平凡。一個不平凡的人，到頭來只剩下這一堆堆平凡的物品**。幾包還沒拆開的餅乾、幾包洋芋片、一瓶用了一半的沐浴乳、一盒沒動過的巧克力。慢跑褲、汗水溼透的T恤、兩本翻爛的雜誌。法國意識流作家馬塞爾・普魯斯特（Marcel Proust）的《追憶似水年華》。一台筆記型電腦。一台 iPad。他的筆記本，一本，兩本，三本，四本。他把這些筆記本像疊疊樂一樣，疊在他睡覺的枕頭旁邊。

他在病情惡化期間，撰寫著探討記憶與意識的回憶錄。他就像許許多多的住院病患，很快就將病床當成自己的世界。在小小的角落，他或多或少可以重拾一些正常、秩序與控制。身為妻子的我在白天探望，很快就發現，最好不要重新整理他的東西。我知道每件物品，在這個生與死的中間地帶，都有特殊意義。這些東西塞進安寧病房的手提袋，似乎徹底失去了意義，但我還是想盡力保留。

精疲力盡的我，只是想盡量留住他所遺留的東西。我小心翼翼挖出他的頭戴式耳機，將耳機線繞著耳機，纏繞得整整齊齊，收進他的辦公桌抽屜。那包尚未拆開的餅乾，以及那本寫到第五頁就沒有下文的筆記本之間，有一種令人傷心的關連。我一直挖掘下去，一直想救回。我繼續著這種扭曲的摸彩，一路找到塑膠袋底，他的一件浴衣。我低著頭，湊到袋子的手把之間，閉上眼睛，把袋子緊緊罩住自己，吸氣、吐氣，沉浸在他的氣味之中，任由粗略的回憶展開，旋轉。

他的氣味帶我回到二〇一八年的初夏，我在國王學院附設醫院的一間忙亂的病房，等待五英里之外，大學學院附設醫院麥克米倫癌症中心（UCH Macmillan

Cancer Centre）的腫瘤科醫師傳來消息。歷經幾年來漫長的檢查與治療，種種「萬一」與「或許」，他的病情在幾天之內急轉直下，住進醫院。前一分鐘他說自己會顫抖，後一分鐘我就將他的臘腸與馬鈴薯泥切成一口的大小，餵進他嘴裡，一邊思考到了什麼地步應該撥打九九九求救。我暗自想著，**怎樣才該急救？什麼叫做悲劇？上禮拜我聽見臥室傳來砰的一聲，又是一聲尖叫，我從樓上一次跨越兩個階梯，衝到樓下，看見他大張著手腳倒在地上，那算不算悲劇？我們家廚房現在上演的，是不是悲劇？我看著他打開水龍頭，洗滌完畢又恍恍惚惚離去，水差一點就要流到地板，這算不算是親眼見證了悲劇？**

我那天晚上打了九九九，等待屋外救護車警示燈的藍光閃起。星期五晚上，藍光默默閃著，對街炸魚與薯片店一排醉醺醺的狂歡者目睹這一切。急診室的醫師並不能百分之百確定，但他顫抖不止，頭部低垂，可能代表病情惡化。他幾天前，也許是幾星期前輕微中風，可能也是病情惡化的關係。

病情的進程幾年來並不明確，如今卻是踩下踏板，開啟節流閥。我們開始討論安寧醫療的候補名單，我盤著腿坐在悶熱的床墊上，一臉茫然凝視著血壓監測儀推車。我先生則是鉅細靡遺告訴我，到了那個時候我該知道的事。建屋互助會系統登入資料、電子郵件密碼、保險號碼、更新的喪禮願望清單。還有一份名單：同事、大學時期的朋友、前女友們，還有遠親，我每天都要簡短告知他們，他一日不如一日的狀況，但還是要大事修飾，免得引起恐慌。

他雖然不停顫抖，還是拿起伯羅圓珠筆，以顫抖的手寫下一份清單。我叨叨說著正在看的書，隨便唸出值得一讀的幾段，用聲音壓過隔壁房間年長病患微弱的呻吟。在艱難的時刻，這些就是我們堅決扮演的角色。我退縮到潛意識的自我，他則是向世界尋找事實與資訊，出手控制他的恐懼。但現在的我們站在懸崖邊，他的現實與我的想像之間的二元論，似乎與當前的現實背道而馳。

天真樂觀的他對我說：「我說啊，這也許是最難過的一關。」就是這份天真樂觀，讓我一路撐了過來。但他這次給我的囑咐不太一樣，是我從未經歷過的。我忍住想把他大腿上那張紙撕掉的衝動。我的手指先是灼痛，接著是一陣麻木蔓延到指關節，一路向上又向外延伸，從手到手肘，從手肘到肩膀，從肩膀到心。他總算寫完了，我將那幾張紙對折再對折，微笑著點頭，放進我的手提包。我整個人環抱著他，麻木的雙臂得以復活，緊緊抓住他還活在世上的部分。

我們在會爬行的年紀，就有人告訴我們該注意些什麼。交通繁忙的道路上快速行駛的車輛。不要用潮溼的手觸碰電器。廚房操作台上快要掉落在地的一把尖刀。我媽在九歲那年，也就是一九五〇年代末，離開她的故鄉，波蘭北部波羅的海沿岸城市格但斯克。現在你問這位七十二歲的流亡者，還記得哪些波蘭語，她會滔滔不絕說出一些心急的爸媽常說的基本叮嚀：「nie dotykaj!」（別碰）、「zatrzymaj!」（不要這樣）、「słuchaj!」（聽我說）。童年時期刻在她大腦的叮嚀，與她現在的生活無甚關連，與她現在過的日子，說的語言無甚關連。我先生死後，我拿起他在醫院寫的囑咐，一讀再讀，同樣感覺到那種反差。諄諄囑咐流露的深情，與癌細胞火速繁殖、分裂的絕情，是鮮明的對比。現在該由我執行他的遺囑。

可是，雖說他在這份遺言與我共享他的數位生活，但我連他的肉體與靈魂現在何方都不知道，要這些資訊又有何用？他留給我的退休帳戶密碼，還有銀行帳戶的銀行代碼，對我來說就跟我母親那不純正的波蘭語一樣陌生。他留下的筆記固然實用，但我覺得他簡直就像站在我們家客廳中間，揮舞著雙臂，大喊「**shuchaj!**」。也許正因如此，我才會在一個平日的午後，衝到倫敦西區的Foyles書店，手提包裡裝著一份皺巴巴的作者清單，沒洗的頭髮梳成一個小圓髻。理性從我的生活徹底流失，我整個人開始縮小，這時內心出現一個聲音，告訴我該怎麼做，該去哪裡，才能電擊我那顆停止跳動的心，而且我覺得要立刻開始。我需要電擊才能復活。

美國小說家喬伊斯．卡羅爾．歐茨（Joyce Carol Oates）在二〇一一年的回憶錄（*A Widow's Story*）直言不諱地寫道：「不要以為喪慟是純淨、莊嚴、樸實、『高尚』的，又不是莫札特的《安魂彌撒曲》。喪慟其實是粗糙的碎石路面，走上去腳會刺痛，是公共廁所汙漬斑駁的鏡子，是故障的紙巾機，你沒有新紙巾能擦手，只能拿用過的髒兮兮的舊紙巾。」我就像個飢渴的游牧民，在我先生去世後的幾個星期，將歐茨的文字舔食一空。緊接著下一本是美國小說家瓊．蒂蒂安（Joan Didion）的作品。直覺告訴我，該看看這些探討喪慟的回憶錄，就能理解內心深處，那些踉蹌搖晃的沉重心緒。那種日復一日，燒灼我的四肢的苦惱。拉著我一點點，一點點往下墜落的夜驚、背痛與重力。

任何強迫行為都很難用理性解釋，但許多我的新聞報導讀者都問我，如此迫切需要閱讀，是不是消化創傷的一種方式？我說心裡話，當時的我並不覺得這樣瘋狂閱讀有什麼不合常理，甚至也不覺得特別奇怪。我閱讀的胃口向來很好，但現在仔細想想，才知道我熱愛閱讀是另有原因，並不是純粹對書本胃口好而已。我最近得知，夜空上最炙熱的星星，在我們看來是藍色的光芒，不是紅色，不是黃色，甚至不是白色。新星生成之時，會因為自身的重量而倒塌，重力將新星的氣體帶往中央，中央的溫度升高，再凝結，開始發光，形成閃亮的核心。

是從一本書開始的。我走進 Foyles 的自動門，直奔詩人萊納・瑪利亞・里爾克（Rainer Maria Rilke）的書信集（*The Dark Interval*），開始閱讀書衣摺口的斜體字書摘：

「若是難以忍受眼前的處境，就要知道很快即將脫離。」

我的內心有個東西開始推擠發光，兩耳耳尖熱熱的。我把書放回書架，過了一會又拿起來。我快速翻了翻，目光來回移動，眼前閃過的那些字詞，就像會亮的內核閃爍著光芒。我買下這本書，帶回家中。我盤著腿，靠著暖氣坐著，讀著一封封的弔唁信，每一封都是里爾克寫給身懷喪慟的相識與朋友，其中有歌唱家、天文學家、藝術收藏家，甚至還有他的前任戀人。多半是在他們痛失深愛之人的幾天之後寫就的。他在一生中大約寫了一萬四千封信，書裡只收錄了少數。

我的目光逗留在他一九一五年十月九日寫的信件，是寫給一位痛失晚輩親人的女士愛爾絲·愛德曼（Ilse Erdmann）。他在信中談到當下，談到我們與人間的關係。他也說，某些花朵的種子，是燃燒的隕石裡面的星塵，隨著隕石降落人間。我繼續讀下去。他寫道，是的，「布滿星星的天空緊緊裹住一個人的心」確實有可能發生。

在我細細品味古怪詩人的抒情弔詞的同時，親朋好友寫來的信，一天天降落在我家門口的地墊。一張張問候卡，上面有療癒的向日葵與一群椋鳥，短暫綻放的櫻花上，是一輪滿月。一張寫道，**問候妳**。另一張寫道，**最誠摯的慰問**。有些我大致看過，其他的我連拆都沒拆，整整齊齊堆放在我家地下室的空房間，離我每天晚上取書的客廳書架很遠。我寧願吸收陌生人寫的文字，因為親朋好友寫的東西太私密，現在的我實在消化不了。**太多的愛，太多的悲傷，太多的擔憂**。每一封信似乎流露出太多我不知如何表達的情緒，我覺得窒息得很，無法呼吸。

是，我是寂寞，但我並不孤單。我看的那些書，讓我得以脫離周遭的世界，連結我體內的小宇宙。這些書陪伴著我，給我力量。我感覺我就像莎士比亞的傳奇劇《暴風雨》的米蘭公爵普洛斯彼羅。他是遭受船難的巫師，從書本學到各種魔法。據說普洛斯彼羅這個角色，是參考更早期的一位不知名劇作家所寫的作品《愛與幸運的罕見勝利》（*The Rare Triumphs of Love and Fortune*）。在這部作品，被放逐的魔法師波米里歐帶著一堆書生活在洞穴裡。後來他的書被兒子燒掉，他也成了瘋人，因為他的靈魂已隨書而逝。

「他失去了希望，但仍想活下去。」

我置身在一個令我害怕的身體，處於一個看起來陌生的焦灼世界，閱讀是唯一能擁有自主的途徑。魔法就在書本裡。我是從書本找到我自己的魔法。閱讀並不是一種讓我抽離當下人生的正念練習。我並不是想逃離我所感覺到的痛苦。正好相反，**我想接觸我的痛苦，我必須理解**。仔細想想，我覺得我之所以如此理性分析，絕對是受到漫長的記者生涯影響。我習慣匆匆寫下問題，遇到覺得有意思，或是搞不懂的事情，就拿起口述錄音機採訪。

我買下里爾克的那本書信集，不久之後就常去衛爾康圖書館，博覽各類主題，動物哀悼、夢境意識、理論物理學全都看。我在尋找情境脈絡。我閱讀首先是為了理解，我唯有探索別人的文字，才有可能理解。研究時間意義的科學家、研究傷慟的複雜機制理論的心理學家，以及跟我一樣扭曲的文學作家，以一種類似的窺視心理，探討自身的喪慟。

一位同事推薦喬伊斯．卡羅爾．歐茨的回憶錄。我一頭鑽進她的散文，立刻想起他剛走的時候，我整理他的日常物品那段日子。這件事神聖又平庸，讓我陷入麻木。我用了幾個月，才全部消化完畢。他用完的體香劑。捆成一團的筆記型電腦電源線。那台我不得不暫時開機，才能永遠關機的 iPhone。

我的意思並不是說，有一種通用的論述能套用在所有人的喪慟。沒有一種失落如此簡單。但我倒是覺得，創傷有一種共通性，無論兩種經驗最初看來差異有多大，都能打破藩籬。死亡無論是突然發生的意外，還是早已料到的必然，哀痛的生者都能感受到同樣駭人的殘酷。歐茨結褵四十七年的丈夫雷蒙・史密斯（Raymond Smith）死於罹患肺炎之後的續發感染。她先是難以置信，很快轉變為精神錯亂。她很快變身為喪慟日記作者，如實刻畫自己陰晴不定的行為。

許多痛失至愛的人都能體會她的傷慟，但很少人會像她這樣翔實記錄，也不會想公開發表。這就是我一開始受到她的文字吸引的原因：她不會為了讀者而粉飾真相。所以我一開始面對寡婦身分的現實，就深受她的故事吸引。四百頁的回憶錄看完三分之二，就會看見歐茨在凌晨四點趴跪在地，一邊啜泣，一邊尋找滾到洗手間馬桶後方的安眠藥。她寫道，其實不過就是一顆安眠藥不見了而已，但沒有任何意義指引她的人生，生活環境只能淪為**物品**堆疊的巨大荒原。

這種敘述在報導文學的元老瓊・蒂蒂安的喪慟回憶錄《奇想之年》（*The*

Year of Magical Thinking）也能看見。她的丈夫，也就是作家約翰・格雷戈里・鄧恩（John Gregory Dunne）二〇〇三年心臟病發作，倒在他們家位在曼哈頓的公寓的客廳地上，不治身亡。無法接受現實的她，過了一段「**奇想**」的日子，現實淡去，取而代之的是一堆物品。T恤、運動衫、襪子。是，蒂蒂安對外承認丈夫的死，把丈夫的衣服收進袋子裡，再把袋子擺放在一處，但內心總是不太確定。也許她還懷抱希望。總之她始終無法把他其餘的鞋子送走。她內心的聲音對她說，還有一個魔法尚未登場，不理性的她也就聽從。這個聲音質問她，怎麼能把先生的鞋子送走。哪天他回到家，還是需要運動鞋的啊。

這看似不理性，但你熟悉的生活若是在一夕之間土崩瓦解，隨便一件平凡物品，一包沒拆過的餅乾、一瓶安眠藥，或是一雙陳舊的慢跑鞋，突然就有了新的意義。難以想像的事情一旦發生，原本不可能的事情也就變為可能。我並沒有把我先生用了一半的沐浴乳清掉，因為我真心相信，有一天他會化身為二十一世紀的耶穌好友拉撒路，敲敲我家前門，問他還剩一半的沐浴乳到哪裡去了。我把沐浴乳放回架子上，因為他總是從架子拿。那就是沐浴乳的家。一個寡婦沒了秩序與控制感，身處在完全陌生的世界，除了零星的物品與回憶，幾乎得不到什麼指引。所以我認為，在喪親過程中，會重視**物品**也是情有可原。

在失落的大荒原，物品是亡者遺留的唯一有形的零碎片段，所以是奇異的圖騰。物品讓一位廣受好評的小說家，在凌晨四點跪地爬行。物品讓一位提名普立茲獎的新聞工作者相信，逝去的丈夫終將返家，需要穿鞋。物品也讓我相信，要留下一罐用過的刮鬍泡，而不是扔進垃圾桶裡。

對抗喪慟的影響力是無用的，就像質疑你在喪慟之下的奇怪舉動，同樣毫無意義。我拖不動自己笨重的身子，所以常常攤開四肢，跟一堆書本一起躺在客廳地板上。我緊繃的皮膚碰觸到樺木板，有一種涼爽的感覺，不再只是一派緊繃。在這個全新改造，無人相伴的空間，到處擺滿我們的小飾品、小東西，我猛地翻著書頁，言語在我四周飛竄。急切的言語。發自內心的言語。**忘卻**、**壓碎**這些動詞。**受創**、**無生氣**這些形容詞。**殘根**、**痛苦**這些名詞。幾天累積成幾週，幾週堆疊成幾月，閱讀變成一種私密的剖析。我撕開自己的皮膚，探索皮膚下方細長的肌腱。再掀開，再撕開，我以全新的銳利眼光，凝視著將我整個人固定在一起的結締組織。

他離開之後，一連幾個禮拜，我始終留戀著他用舊的牙刷，一面與這毫無意義的一切搏鬥：日常物品既平庸，又有神聖的意義。時間可以縮短，也能延長。他在無從預測的慢性疾病的魔掌之下，熬過了漫長的六年，卻在病情惡化六週之後撒手人寰。四十二天，一千零八小時。我們的小船突然搖晃，水從兩側滲入，我慌忙舀水，能舀出多少算多少，逆流而行。這是純粹的反抗，我也努力到了最後，但如今的我走到了什麼地步？在一個熾燃的世界，隨興而為。坐在我們的浴缸邊緣，牢牢抓著他的牙刷，彷彿拿著魔杖，揮一揮就能召回一部分的他。

蒂蒂安捨不得丟棄亡夫的鞋子，我也一樣。但凡有些理智的人，都不會像我保留得那麼久。六年來，我為了躲避周遭的現實，不斷說故事給自己聽。現在再說一個。

我從不覺得，我們的小船會有淹沒的一天。

第2章

世界仍需要我們參與

流星根本不是星星。流星是一個在燃燒中發出金屬光澤的岩石，與其說是**流過**，不如說是往下墜落，穿過地球的大氣層，朝著我們衝過來，散發的光芒可以是橘色、紫色、紅色。天文學家能預測流星雨發生的時間，天體殘骸一閃而過，像銀色的細雨，劃過昏暗的天空。但要預測零星的流星何時會出現，可就沒那麼容易。二〇一八年，美國密西根州漢堡鎮的居民看見重達五十公斤的火球，一團閃亮的白光在夜空爆炸。炫目的爆炸也引發相當於二級地震的大氣震動。後來在鄰近兩座湖泊結冰的湖面上，發現這個星際火球的卵石大小的碎片。冰冷的湖水將流星的碎片，當成新摘的金盞花花瓣一樣保存。

我小時候睡不著覺，常常會揑揑閉上的眼皮的角落，眼前就會出現閃閃發光的道路，宇宙噴發出五顏六色。順著色彩的直線與曲線前進，終究會沉沉睡去。我從小就曾失眠、夜驚，到現在卻還不知道原因。黑暗似乎引出了我所有的恐懼，一如夜空完全凸顯出燃燒的流星。我逃離自己想像出來的怪物，一顆心**砰砰砰**跳。我熱熱的，溼膩的腳跟重重踏在地面上，震顫抖動。

在我童年一再出現的惡夢，就像所有的惡夢，感覺是永遠不會停止的折磨，但我總是在黑暗中突然驚醒。現實拉了我一下，我才相信我可以是自己人生的英雄。猛地一拉，將我抽離自己，也讓我相信，戰勝自己的心魔是絕對有可能的。他離開之後的那幾個月，現實與妄想完美重疊，那時總覺得不可能戰勝心魔。你若是相信怪物是真實的，現實就不可能突然拉扯你一下。

我常在清晨時分，在我們的公寓晃來晃去，在恍惚當中，錯把陰影認作鬼魂。我存心讓自己半死不活，就為了守在他身邊。在這個改變過的宇宙，一切皆有可能。在白天，我穿著他那件白色與海軍藍的開襟毛衣，上面有象徵榮譽的校名第一字母。我用袖口擦過我的皮膚，重現他溫柔的撫摸。我忙著將他的襪子與內衣裝進袋子，下意識養成這個習慣。屋裡到處都是他的**足跡**，想不看見也難。

某個平日的晚間，我一邊聽著奇想樂團（The Kinks）的音樂，一邊整理他的書桌抽屜裡的音樂紀念章。我翻閱著他那本托馬斯・品欽（Thomas Pynchon）的破爛平裝本《萬有引力之虹》（*Gravity's Rainbow*）（大家愛怎麼想就怎麼想），一張機票的票根從書頁中飛了出來。我在空房間吸塵，被他兒時收藏的《高盧英雄傳》漫畫絆倒。我照常尋找我的 Converse 運動鞋，卻找到了他的信用卡。我以對待無價聖物的崇敬之心，以大拇指撫摸著信用卡上有效日期的凸字 **11/20**，再放回他的皮夾。

一張壓膜的塑膠，還在等著有人刷。一張舊的登機證，沒有故事，不知來由。珍愛的物品，無價的紀念品，還有故事可以說。

我沉浸在他的物品之中，與它們一同就寢。幾小時後，我渾身是汗醒過來，發現自己在睡夢中東翻西找。夢境世界的寡婦拿著搜索票，翻找床墊、吃力爬上枕頭套，在床單之間尋找他的身影。我從夢境清醒之後，大腦需要三十秒才能跟上身體。我的大腦像個在黑暗中驚慌失措的孩子，告訴我的身體，我先生並不在床罩下面。他走了，到了一個我去不了的地方。一個想像不到，到達不了的地方。一個微弱的聲音問我，急著想知道答案，**那究竟在哪裡？究竟在哪裡？**

我在喪慟初期的這段時間，可以用**迷失方向、暈頭轉向**形容。但若真的要坦白說，這兩個詞都不足以形容。我覺得也許根本找不到合適的形容詞。我認為需要發明一個全新的形容詞，才能如實表達心被撕裂之後的動盪。我怎麼可能將完全缺席的感覺表達清楚？我在這裡，但我與周遭的一切，與那些跟我交談的人，相隔的距離有幾百萬光年那麼遠。我爬上床，關了燈，日常生活的約束才得以放鬆，我也才能完全沉浸在喪慟之中。喪慟圍繞著我旋轉，不是夢，也不是惡夢，而是兩個世界當中的一個空間。

我在創傷之中夢遊度過夜晚，白天則是忙著隱藏這種混亂，只不過是在不知不覺間隱藏。我在我家附近的咖啡館，與服務生聊個不停，聊的都是些尋常的話題：天氣、英國脫歐的最新新聞標題，還有她現在在看的書。然後我坐在桌邊，攪拌著加了糖的咖啡，抵禦著迴盪在咖啡館，在我耳邊的各種聲音。持續旋轉的世界的震動，感覺像一種攻擊。但我無力阻止那位年長的女士喋喋不休，無力阻止咖啡機嘎嘎研磨，無力阻止狗兒吠叫，也無力阻止收銀機叮噹作響。

也許我就是因為感覺如此無力，才會將日常生活的煩惱內化。這些煩惱又反彈回來，以其他的形式再現，像野火一樣刺痛了我。一開始是輕微的嗡嗡聲，很快演變成一種游擊戰，在我填寫死亡登記表格，完成喪葬文書作業之時，各種互相矛盾的症狀悄悄向我襲來。肌束震顫、肌肉無力、抽痛與刺痛。

我的身體失常，但儘管身體狀況百出，我還是勉強過著正常生活。每天早上我起床，洗澡穿衣。我在陌生人當中喝咖啡。我經常前往律師事務所與殯儀館。我填寫法律文件。我吸塵、燙衣服。我出門跟朋友共進晚餐。

如果你在前一年問我，我絕對料想不到，我先生才剛走，我就能做這些事情。但真的到了那一刻，我還是得照常生活。我們也想相信一切停擺是浪漫的，但一旦現實襲來，就會發現這並不可行。生活會出手干預。**世界仍然需要我們參與**。我一度想要就此消失，卻還是戴上眼鏡辦正事，在我家廚房桌上填寫表格，並不是因為我想這麼做，而是因為我有必須履行的義務，必須繳納遺產稅。我想像宜家家居的盆栽變成超高許願樹的同時，也一一打電話給公用事業公司，取消手機門號，向馬莎百貨預訂喪禮當天自助餐的三明治。他死後四天，一個昏暗的星期一午後，我爸媽開車載我到布羅姆利市政中心（Bromley Civic Centre），完成死亡登記，編號二八九號。

死亡原因：I（a）神經膠質母細胞瘤

通報人姓名：凱薩琳·安·李斯特

通報人身分：死者之遺孀，照顧者

我坐在小小沉悶的辦公室，看著一位沉悶的登記人員在辦公桌打出資料。我本來以為會失控崩潰，甚至在車子裡就做好心理準備。但她敲鍵盤的聲音，讓這一刻深度全無，甚至整個程序還把我惹毛。難道他只配得到這種待遇？一個米色的窄小空間，聞起來像發霉地毯的味道？這跟我想的完全不一樣。

她總算拿下眼鏡，問我：「妳要幾份？」

我聽見自己難以置信的笑聲：「我需要幾份？」

「大部分的人都要四、五份。」

「這樣啊，那我要五份好了。」

她說：「一份四英鎊。」

幾分鐘後，我在櫃臺前方排隊，一手拿著案件編號一〇七九八九，另一手拿著我的 Visa 簽帳卡。我在密碼輸入器輸入四位數字，二十鎊轉帳完成，我拿到一個A4大小的公事包，我把他最近換新的，沒有簽證的護照放進去。

憤怒有時無法在當下表達。一週後，恍恍惚惚的我，跟爸媽一起坐在倫敦西南區一家法式餐廳，慶祝他們的紅寶石婚。前一天我走到我家附近的花店，訂了一個花束，要放在沒人會看見的棺材上。他的家人跟我認為，他雖然在幾年前親筆寫下遺囑，但應該不會希望我們親眼目睹火化儀式。在他生命的最後幾星期，原先那份遺囑的內容有所更動，他寫了一份新的指示，由我收在廚房碗櫥的抽屜。正如大多數的人生關頭，情勢會變，願望也會改變。但我還是想送他東西，我將愛情紀念拿在手上，抱在懷裡，從我的門走向他的門。花店推薦象徵懷念的迷迭香，以及象徵永恆愛情的勿忘我。我現在在午餐時間的一片喧囂嘈雜之中，想起了花店的建議，同時極力忍住想尖叫的衝動。

哥倫比亞大學臨床心理學教授喬治・博納諾（George Bonanno）二十幾年來進行喪慟與創傷的科學研究。他發明了「因應醜陋」一詞，闡述喪慟的多種形式。我第一次遇見博納諾，是在前往衛爾康圖書館的路上，深受他有條不紊，同理心與分析能力兼具的研究方法吸引。我非常欣賞這種務實又不失感性的治學態度。過去二十五年來，他在紐約市的「失落、創傷與情緒實驗室」（Loss, Trauma and Emotion Lab）致力研究人類的恢復能力，分析人類如何因應失落與創傷。實驗室進行的研究，看起來很像悲觀者的清單，恐怖攻擊、創傷傷害、離婚、失業、傷慟、全球疫情，甚至軍事戰鬥應有盡有。他們研究的危機雖說南轅北轍，但結論卻相當一致。博納諾堅稱，我們的恢復能力，比我們以為的更好。不僅如此，我們其實有很多種方式，可以因應極端事件。

我在喪慟最深刻的時期，將「因應醜陋」奉為人生座右銘。博納諾為了闡述「因應醜陋」的概念，舉出颶風卡崔娜災情期間，足球場館充當緊急避難所的例子。他說，你困在不熟悉的環境，行為可能會因此而不穩定，但這種適應反應（adaptive response）是能在陌生環境存活的關鍵。我回想我剛開始懸吊在深淵的那幾天，覺得「因應醜陋」是我少數能領會的傷慟名詞之一。在那段日子，我就像尋找遺失的安眠藥的歐茨，汗涔涔的手掌貼在冰涼涼的浴室磁磚上，跪在地上乾嘔，嘟囔。一小時後，我又繼續翻閱著喪禮小冊，思考該選擇可生物分解的柳木骨灰盒，還是生態友善的竹製骨灰罈。

我們向來以為喪慟有固定的模式，其實不然。我先生喪禮的一週後，我在大英圖書館的深處，翻閱著平裝本的《當綠葉緩緩落下》（*On Grief and Grieving: Finding the Meaning of Grief Through the Five Stages of Loss*），掠過「眼淚」、「天使」、「夢」這幾章的標題。一九六九年，瑞士裔美籍精神病醫師伊麗莎白．庫伯勒–羅絲（Elisabeth Kübler-Ross）提出末期病患面對診斷的各種情緒狀態。她的理論很快由其他醫師重新解讀應用，並套用在喪慟者身上。**否認**、**憤怒**、**懇求**、**沮喪**、**接受**。一九七〇年代至今，我們對於失落、喪慟與哀悼的理解，深受這五個階段，也就是所謂的「庫伯勒–羅絲模型」影響，很少去思考複雜性、個體性，以及細微的差異。之所以如此，是因為我們長年對於庫伯勒–羅絲理論的解讀，認為這五個階段的前後次序不會變。

我也落入這種陷阱，也許是因為這樣，我雖然想照著庫伯勒－羅絲的路線前進，卻還是走向蒂蒂安與歐茨那種沒有固定路線的回憶錄。我拿出筆記本與筆，一小時後卻還是呆呆看著空白的一頁，覺得納悶得很，不久前才感覺好有意義的事情，現在卻感覺如此麻木。作者在前言強調，「哀悼沒有正不正確，也沒有一定的時間表」。但我翻開目錄，看見大寫字體的章節標題，只覺得與前言所說的完全矛盾，不知作者是無心還是刻意。這種矛盾讓我不快。我心裡想著，無論你怎麼哀悼，在我看來只覺得莫名其妙。我啪的一聲把書闔上，手指滑過書封上的空靈羽毛，毅然決然將書推向櫃臺另一側的圖書館員。

庫伯勒－羅絲常說，有些人誤解了她的五階段模型。她提出這個模型，並不是要硬性規定這樣的順序。但我覺得此模型的影響力之所以能延續幾十年，會不會正是因為大眾的誤解？哀悼者認為「五階段」模型有固定的先後次序，但這個模型卻將複雜的經驗過度簡化，也讓哀悼者承受必須完全遵守順序的負面壓力。不過這個模型也能帶給身處嚴重社會孤立與混亂的哀悼者，一種有序的感覺。

是，分階段的概念確實有瑕疵，但這種分階段處理失落的流程，之所以長久受到歡迎，還是有原因的。庫伯勒－羅絲模型首度問世至今已有五十年，仍然是最受歡迎的哀傷理論，經常有人參考，一直有人分析，也成為一種文化現象。以《辛普森家庭》（*The Simpsons*）為例。在這部長壽影集的第二季，荷馬吃了有毒的壽司，後來有人對他說，他的壽命只剩下二十四小時，滑稽版的庫伯勒－羅絲五階段模型隨後登場。這個模型儘管受到批評，卻依然屹立不搖。

露絲．戴維斯．柯尼格斯伯格（Ruth Davis Konigsberg）在她的著作 *The Truth About Grief: The Myth of Its Five Stages* 指出，庫伯勒-羅絲的理論的影響力之所以無遠弗屆，是因為在理論問世的那十年，迅速發展的世俗自助運動，變成一種新的信條，填補了宗教信仰留下的空白。我最近造訪義大利的亞得里亞海海岸，漫步在聖家聖殿（Basilica della Santa Casa），那是位於山頂小城洛雷托（Loreto）的朝聖地。我吸入焚香的縷縷香氣，欣賞高聳的天青色圓屋頂，想起柯尼格斯伯格的文字。

相傳聖母瑪利亞故居（House of the Virgin Mary），是由一群天使於一二九四年，從拿撒勒（Nazareth）搬移到義大利東岸的一片月桂樹林。至今每年仍有數千人受到這則傳說吸引，前來此地尋求改變、指引與救贖。我走過聖家聖殿雕刻精美的大理石圓柱，看見幾十位朝聖者跪在金色聖母雕像之下，低頭默禱。我經過他們身邊，感覺有點嫉妒，我因為懷疑，所以覺得無感，但還是很羨慕他們的信仰。我輕聲對我的朋友約翰說，我若能相信這一切，人生可就輕鬆多了。相信一則傳說，點燃一根蠟燭，挑一個教堂長椅，就有了歸屬。交由別人，或者應該說別的**力量**，告訴我該去哪裡，該如何哀悼，該相信什麼。

我看見燭火閃爍的祈禱燭台的右方，有個透明壓克力盒。我用手指感覺盒子的架構。盒子上的英文說明文字如下：

「你有什麼願望，都能放入這個盒子。願望將會交由聖母閱覽。聖母會聽你說，因為聖母是我們每一個人的母親。」

我克制不住好奇心，隔著壓克力往裡看，看見一張摺起來的紙，上面寫著幾句願望。一位與三個兒子斷了聯繫的父親，用伯羅圓珠筆草草寫下心願。希望驅使他許下急切的瓶中願，誰敢說他的願望不可能實現？這群碰運氣的祈禱文所展現的，是我與他永別這麼多月，還在尋找的東西，我又有何資格批評？擺脫過去。一個傾訴痛苦，還能有人擁抱，有人傾聽的機會。

我想，這也許是我沒有完全跳過五階段的原因。沒有人能完全逃過。雖然我覺得自己的經歷，並不像庫伯勒－羅絲模型那樣有明確的階段，但我有時還是會向這個模型尋求指引，就像我在洛雷托遇到的那些跪拜的朝聖者，仰望著他們充滿恩典的聖母。

我雖然排斥庫伯勒-羅絲模型，但我也常納悶，他的死為何讓我這麼難接受。二〇一八年九月某個星期三晚上，我跟安迪一起坐在我家附近電影院的酒吧，啜飲著啤酒，討論即將舉行的我先生的喪禮賓客名單。我們聊著聊著，我的思緒從悼詞與喪禮音樂，飄到我們即將要看的漫威電影，以及我還沒看的這部電影同系列的前一部的情節。我們找到座位坐下，我突然想起我上一次在這間放映室，是跟我先生還有安迪一起。我們當時看的是另一部續集，是《銀翼殺手》（*Blade Runner*）的續集，才看了幾分鐘的片頭，戲院的火災警報器就嗶嗶作響。我們疏散到大廳，安迪非常不悅，我先生則是覺得很好玩。我憶起這段往事，雙頰泛起血色，我把手伸進爆米花盒，撈了一把乾乾的玉米粒送進嘴裡，臉頰是熾熱的。

我要到往後才發現，**喪慟絕對不是線性的，並不是一定會歷經幾個階段**。只有暈頭轉向，從一種心情翻轉到另一種心情，急著想做出正常生活的樣子。所以我對喪慟期的記憶非常粗略，不見得可靠。我可以告訴你，我在他去世的一個月之後，到劇院看劇，但我說不出是哪一部戲。我記得我在一間酒吧笑到歇斯底里，但我完全不記得當時在說什麼。也許這裡的關鍵是暫時性。如果說喪慟的過程不是線性的，那日後的回憶也不會是線性的。在名為失落的空虛宇宙，你必須靠近一點，才能看見紙風車的旋轉。是的，拿著標準雙筒望遠鏡，也能看見夜空的螺旋星系，但一定要看長時間曝光攝影照片，才能看清構成螺旋的那些星與塵的旋轉的暈。血紅色的微血管循著橢圓形的軌道，繞著中心旋轉。

我的許多作家前輩，將喪慟的迷亂比喻成迷路，因為找不到方向而暈頭轉向。英國小說家黛博拉·利維（Deborah Levy）在 *The Cost of Living* 一書，提到在她母親去世之後的那幾個禮拜，她找不到方向，感覺「彷彿體內的導航系統逐漸故障」。克利夫．斯特普爾斯．路易斯（C.S. Lewis）在《卿卿如晤》（*A Grief Observed*）寫道，妻子喬伊．戴維曼（Joy Davidman）去世之後，他一直重複繞圈圈：

「在喪慟中，一切都不會『停留在原地』。一個階段會結束，但總是會再出現。不停轉圈圈。」

夏綠蒂．勃朗特（Charlotte Brontë）從未將喪慟付諸正式文字，但我記得我在二〇一六年一個嚴寒的十一月早晨，造訪勃朗特博物館（Brontë Parsonage Museum），讀到她在艾蜜莉與安妮兩位姐妹去世之後，經常在晚上繞著餐廳餐桌走路。她這種難以克制的習慣，牧師公館的僕人瑪莎．布朗（Martha Brown）全看在眼裡。英國小說家伊莉莎白．蓋斯凱爾（Elizabeth Gaskell）一八五七年的傳記作品 *The Life of Charlotte Bronte* 也引述她的話：

「老婆子說，就我印象所及，勃朗特小姐、艾蜜莉小姐，還有安妮小姐從還是小姑娘的時候，禱告結束就會放下針線活，三個人一個跟在一個後面，繞著客廳的桌子走，一直走到將近十一點。艾蜜莉小姐會走到走不動為止。她去世之後，安妮小姐與勃朗特小姐繼續走。現在我聽見勃朗特小姐繼續走，一個人走，我的心都要碎了。」

我仿效夏綠蒂．勃朗特的深夜繞行，每天早上環繞我家附近的公園外圍，一再繞著水晶宮發射台的鍛鐵格架。那是高達七百一十九英尺的地標。從我先生的安寧病房向外遠眺，隔著養鴨的池塘，發射台佔據了大半個遠景。他離開以後的那年冬季，我經常步行，但路線總是一樣。我自願與神經中樞，也就是我的喪慟總部、他死亡的地點緊緊相連。那發射台有個暱稱叫「南倫敦艾菲爾鐵塔」，因為外觀很像。我望著它，想起我們多次的法國首都之行，漫步在蒙馬特（Montmartre）的鵝卵石路，停下來吃一兩個誘人的糕餅。我們當時離巴黎有多遠。我現在離巴黎有多遠。我的大腦停頓，我的雙腿就疾行，我的思考就會再度開始活絡。身體運動會招致大腦運動。種種的**如何**、**為何**、**什麼**在我的大腦糾結成一團，這時公園寬寬彎彎的步道，就是我可以依循的熟悉路線。要闡述這種不同的意識狀態，最好請出一位來自柴郡（Cheshire）的十九世紀打油詩人幫忙。

在《愛麗絲鏡中奇遇》（*Through the Looking Glass*），好奇的小鹿問愛麗絲：「妳叫什麼名字？」她答道：「我要是知道就好了！」路易斯．卡羅（Lewis Carroll）筆下大膽的英雄穿越鏡子，抵達一處「一切都沒有名字」的森林。她漫步在樹蔭下，忘記了所有的名詞，自己的名字也忘了。我這一年來讀過不少喪慟紀實作品，但在我看來，沒有一個比這段七歲女孩，與一隻會說話的鹿之間的虛構對話，更能簡明且精準表達記憶、語言，以及解離之間的複雜關係。這段對話表達出內在的錯位，一種深刻的失落，不僅改變了你看世界的角度，也改變了世界看待你的角度。

我第一次意識到這種深刻的錯位，是在看著一張照片的時候。那張照片是在他死後三天拍的，在里奇蒙（Richmond）的一家露天巴伐利亞餐廳。那天的天空就像雪花石膏一樣雪白，河流曼妙的曲線不甚明顯，但垂柳翠綠的卷鬚，仍然成就了河濱的美景，亦是照片動人的背景。我們享用大杯的啤酒，還有一盤盤高高疊起的臘腸與馬鈴薯泥。我的兩位朋友坐在我對面。一位在拍照，另一位打量著眼前的盛宴。我爸也在這裡。我微笑著，我們每個人都在微笑，但仔細看就會發現，我的眼睛與其說是看著鏡頭，還不如說是穿過鏡頭，注視著遠方的一點。

如果說一張照片訴說著一個故事，那這張照片就是缺席的故事，塵埃運行的極其細微的軌道的故事。這才是照片應該對我們說的故事。在現實中，幾乎沒人能發現我的缺席。這張照片不可能表達出我那天感覺到，也加以內化的創傷。我的目光跟隨著流動的河水，一口口下嚥的巴伐利亞臘腸，全像燒紅的煤。

我每次看著我呆滯的表情，還有我身旁的微笑，就想起美國散文作家蘇珊．桑塔格（Susan Sontag）的理論。她說，所有的照片都是一種死亡象徵，將時間切片凍結。阿爾及利亞出生的法國哲學家雅克．德希達（Jacques Derrida）也認同這種信條，甚至到了完全排斥自己的影像的地步。在YouTube上的二〇〇二年的一小段訪談影片，攝影鏡頭突兀地放大抬起的眉毛，以及張開的鼻孔，影片中的德希達解釋，他為何在一九七九年之前，都不允許自己的任何照片公開發表。他謹慎地停頓了一下，才回答採訪者的話。他說，他不希望自己的經驗被放入框架。但他接著又說，他的問題並不是純粹理論上的，而是結合了一種看見自己的臉的自戀恐怖，以及一種與照相有關的死亡恐怖。「我不喜歡所謂的死亡效應。」他再進一步說明，「就是每次照一張照片，就會聯想到死亡。」

如果我在成為寡婦之前，就看見這段訪談，我可能會嘲笑德希達說的話。但我看著眼前的照片，我的一隻手緊張兮兮抓著我爸的左臂，我明白了他的意思。我對於那天的記憶只剩下零碎的片段，但照片上靜止的景象，感覺與我記憶中那天的情景並不一致。那天的我勇敢踏入世界，到我先生最喜歡的餐廳，假模假樣吃著週日午餐，是為了確認我還存在，是為了確認現在他不在了，我的環境也還是能容納我。

這張照片記錄了那憂慮的一刻，但或多或少也欺騙了看見這張照片的人，所有的照片難免都會。我們想把任何一刻捕捉在一個框架裡，無論有意還是無意，我們都在期待這一刻的死亡。時光流逝、情境消退、影像褪色、深愛的人消散。隨便一個人看見照片上的三個微笑，只會想到輕鬆愜意的午後，但對於在照片拍攝一年後，又看見這張照片的遺孀而言，這張照片殘酷重現了她寧願遺忘，而且從許多方面來看，已經遺忘的破碎時光。我從這張照片看見彗星，看見星星，看見一個透明的女人，努力抓住剩下的東西，還有逝去的東西。

每一張照片、每一則預言，甚至是愛麗絲在仙境的冒險，都告訴我們什麼是失落。也許這就是我們緊緊抓住這些的原因。她以蜿蜒曲折的方式面對混亂，我在他走後的頭幾個月也是這樣，時而逃避，時而參與。有一天早上，我喝完咖啡，咖啡因的效益都還沒在我體內發揮，我就吐了出來。我嘔吐的時候，似乎也沒想太多。我只是撐著站起來，用漱口水漱口，又在水槽吐掉，回到廚房，那裡有一捆的殯葬冊子等著我看。

我將喪慟的五個階段拒於門外，不久之後，我讀到另一種不同於庫伯勒－羅絲的理論，似乎符合我當時的經歷。我不斷在冷靜務實，與強烈憂傷之間擺盪。一九九〇年代中期，瑪格麗特・史卓比（Margaret Stroebe）與亨克・舒特（Henk Schut）提出處理傷慟的新方法，稱為「雙重歷程模式」（Dual Process Model）。名稱雖然尋常，其實概念相當開明，挑戰了我們對於失落的討論。他們主張，我們在心愛的人去世之後，會有兩種反應，一種是「失落導向」，另一種是「復原導向」。哀悼者努力吸收死亡這件事，會在兩種模式之間擺盪。

他們說，喪慟並不是一種有結構、有系統的過程，而是一堆**混亂的情緒**，能讓你在一天之內，有時候甚至是一小時之內，從嚎哭轉為歡笑，再變為嚴重自我懷疑。如此劇烈的變化，感覺很像失去理性，彷彿控制不了現實，但其實是**正常的起伏**。他們說，是的，對抗很重要，悲傷、憤怒這些明顯的情緒很重要，但暫時脫離這些痛苦的情緒，也同樣重要。

失落是一隻複雜的野獸，也不見得會依循同一條敘事線。正如博納諾在他的喪慟著作 *The Other Side of Sadness* 寫道：

「喪慟若是持續不間斷，就讓人難以承受。喪慟必須要有起有伏，我們才有可能忍受。我們的情緒來回變化。我們時而思考失落的痛苦、影響，以及意義，時而專注因應當前的世界、其他人，以及當下發生的事情。我們暫時放鬆心情，與身邊的人重啟交流，接著又開始低落，繼續哀悼的過程。」

我說坦白話，我憶起他死後三天，我痛快吃下的那盤臘腸與馬鈴薯泥，感覺有點驚訝。但我思考史卓比與舒特的擺盪理論，覺得就跟我的身體有大哭、嘔吐的生理需求一樣合理。喪慟並不是一種單面的經驗，而是一種來回擺動的過程，不斷重複的模式，在我們的自然世界幾乎隨處可見。

螺旋、波浪、鑲嵌、對稱。我們就像四周不斷擴大的宇宙，是一個不斷變化的交響樂團。我最近讀到，太陽大氣層的外層，也就是太陽的冕溫度極高，荷電粒子會升騰到太空，形成太陽風。而在地球，海浪在達到浪峰之後，還會行進幾千英里，才會落下，冒泡的拱呼嘯升起，起起伏伏，回到最初的起點。

有時我回到空蕩蕩的家，覺得雙足的足弓似乎有火圈在燃燒，陣陣作痛，難以忍受，似乎唯有浸泡微溫的水才能降溫。我在吃完臘腸午餐幾小時之後，打開水龍頭，彎著身子進入浴缸。我的腳踝一浸入水中，一碰到水就刺痛，十根著火的腳趾，彷彿將周圍的分子加熱，一面還跳動著，閃耀著火光。我的頭沉浸在水面之下，指甲敲了敲身下的搪瓷浴缸。

滴答，滴答。我敲著浴缸，像是斷斷續續發出摩斯電碼。**滴答，滴答**。我在水波之下，輕輕與他說些親密的話。

第 3 章

我要前往宇宙了

還有另一種方式能緩和火焰，就是閱讀他遺留下來的文字，什麼形式都可以。我翻看著 WhatsApp 訊息、精選的俏皮話，還有尋常的言論，這些就變成絕無僅有的俳句。這些年他寄給我的生日卡，與祝福卡的內容一起記住。我在我的 Gmail 收件匣鍵入他的名字，翻看著很簡略的信件主旨（「在前往佩卡姆的火車上，應該七點多到」），還有絮絮叨叨的郵件（「妳知道嗎？在一九七〇年代初，丑角合唱團（The Stooges）是在溫布頓的錄音室排練錄音。」）即使是實用的文件，也成了寶貝。我先生在二〇一五年，寫下他的喪禮遺願，或者應該說打字再列印，發揮他一貫的幽默本領：

「妳看到這個的時候，我很有可能已經死了。所以我要問的第一個問題是，妳確定嗎？能不能拜託妳再確認？說不定我只是睡著了。大家都知道我睡得很沉的。如果我沒有死於什麼恐怖的意外，被狼群撕裂吃掉，搞得妳找不到屍體，那我還是希望火葬。貴橡火葬場（Honor Oak Crematorium）好像挺不錯的。而且是位在東倫敦線上。妳也知道那些北倫敦人對於過河南下的想法是什麼。」

如果你曾跟我先生聊過天，你很快就會發現，他面對大難自有一種幽默。這是他一貫的特質，後來在病中也是如此。一個平日的午後，在聖克里斯多福安寧照護院（St Christopher's Hospice）的橄欖球病房，志工與治療犬走到他的床前。完全沒想到後面會發生什麼事的志工女士熱情問他，願不願意摸摸（stroke）麥克斯。他立刻答道：「不用，謝謝。我已經中風（stroke）過了。」他的很多朋友將這段俏皮話流傳出去。在《泰晤士報》的第五十四版，負責報導他的生平與作品的訃聞作者，也提到他說的這個笑話。他從二〇一〇年開始為《泰晤士報》效力，擔任新聞開發主管，直到逝世。

社群媒體傳來的頌詞越來越多，並不是每一個描述，都符合多重面貌的他。有時候，那些錯誤的引用、誇張的言詞，我看了只覺得難受。我驚訝的是，回憶經過分享與重述，竟然這麼容易變形，畢竟人死之後，能遺留下來的就只有回憶。以剛才的治療狗笑話為例。這個廣為人知的笑話還有「後續」，說他講了俏皮話之後，還**真的**摸了摸麥克斯，還說摸狗狗感覺很開心。但我想遺留下來的故事就是這樣。我們說的故事，總有些刪節、潤色，因為我們會將敘事，塑造成符合我們的看法。至少這是我的感覺，因為我看見大報刊出的一段吸引人的引用文字，赫然寫著「據說克里斯．馬汀曾邀他加入酷玩」。

我翻閱著他的搞笑喪禮遺願，想起克里斯．馬汀與狗狗麥克斯。我讀著最後一句話：

「千萬別難過。我要出發前往宇宙了，好期待啊。」

他的姐妹在喪禮上唸出這句話。我覺得這幾個字，真正道出了我失去的丈夫的精髓，流露出變幻莫測的機智之下的純真與浪漫。這句話有時安慰了我，有時則是驅使我投入戰鬥，只是我到現在還不知道，對抗的是誰，或者是什麼。十月某一天晚間，我與一個朋友在家附近的酒館見面，滿面微笑聊著天，大口喝著啤酒，卻也沒能壓抑從我的肚子，往上經過胸部，最後蔓延到喉嚨的微微噁心感。那天晚上，我不希望被它打敗，「它」指的是不斷燃燒的喪慟野火，但它還是在我身旁鞭打我，刺痛我的額頭，一路往下肆虐，深入我的肚子。

我打斷朋友說話，向他說道：「約翰，真的很抱歉，我好像快吐了。」我內心的東西與我先前所吃的晚餐剩餘的東西，還有淡淡松木氣味的氯化物結合，我整個人錯亂，一而再，再而三嘔吐在下方橢圓形的目標。在這六個禮拜，我整個人的姿勢都像胎兒，雙肩拱起，雙手張開，眼睛朝下。我得想辦法打破這種惡性循環。站起來，走出去，起飛。約翰默默徘徊在門口，我抬頭望著他，對他說：「他到宇宙去了，而我在這裡，對著馬桶嘔吐。」

在這一刻之前，我哪裡都不想去。從八月到十一月，我經常待在地上，看書、做筆記，把東西裝在袋子裡。我在地上很安全，感覺有人擁抱著我。我的背貼著牆壁，感覺時間放慢了腳步。喪慟就像重力，將我往下拉扯，這時地板就像避風港，讓我得以逃離孀居生活初期的狂亂日常：傳簡訊給親朋好友、死亡與瀕死的種種冰冷殘酷的現實面，明明一說出先生的名字，就要崩潰狂哭，還不得不完成許多乏味的手續。

我的雙腿呻吟著，**放慢腳步，真的要放慢腳步**。我經常倒下，而且我一倒下，跳動的手錶指針的聲音就會越來越小，直到在我聽來幾乎是完全停擺。你看著原地踏步的腫瘤，突然變身無情的劊子手，你對於時間的理解也會扭曲。他在二〇一二年確診腫瘤，那時我的感覺是有不速之客闖入我們家。接下來的六年，不速之客在我們家住下，我們也懂得與它和平共存，但心裡總覺得怪怪的。我在潛意識總能感覺到它的存在，即使在沒有惡化的那段較為平靜的日子裡。

我心想，**腫瘤終究要醒來的**。不是今天，大概也不是明天，但也許下星期、下個月，甚至明年就要發作。我們看見「迅速死亡」，通常會聯想到事前沒有徵兆的突發事件，例如車禍，或是心臟病發作，但他在二〇一八年，化學治療終於無效之後的那六個星期，惡化的速度之快，簡直就跟迅速死亡沒有兩樣。

他的病況幾年來維持不變，並無惡化，所以我們都不說是「病況」，而是「情況」。但到了後來，我眼睜睜看著他的身體急速萎縮，慘狀逐漸展開。時間用後腿直立，猛地彎背躍起，把我們拋向空中。突然間，我們的時間不夠了。不到兩個星期，我就在洗他的衣服，餵他吃午餐，幫他洗頭，綁好鞋帶。四個月前，我們坐在羅馬一家餐廳鋪著紅白格紋布的桌前，吃著油膩膩的寬扁義大利麵。現在的我抱著頭，坐在安寧照護機構的家屬室，身體輕輕前後搖晃，一位工作人員正在向我解說，適合六十五歲以下的人居住的看護中心。

我再也不信任時間。時間就像一條橡皮筋，先是伸長，然後又縮短，直到我再也不知道該拿時間怎麼辦。時間不再是一種可量測的單位。他可以是昨天、上個月，或是去年去世。一天感覺像一個月。最後的八週呢？感覺像一小時。

義大利理論物理學家卡洛・羅威利（Carlo Rovelli）稱之為「失去統一性」，意思是時間可以變慢，也可以加快。我從未研究過量子物理學，主要是因為無法理解深奧的理論，而不是對這個領域沒興趣，但我感覺時間開始時而膨脹、時而收縮，也就開始研究。

羅威利以水與石頭為例。他寫道，時間在海平面流逝的速度，比在山區慢。這種差異極為細微，必須使用在網路上（花大錢）可以買到的精密時鐘才能量測。二〇一〇年，位於科羅拉多州的美國國家標準暨技術研究院（National Institute of Standards and Technology）的研究團隊，比較兩個一模一樣的原子鐘的走時速度，並將一個原子鐘，放在比另一個高一公尺的地方，衡量這種重力時間膨脹。結果正如研究團隊所預料，位置較高的原子鐘，走時速度稍微快於位置較低的原子鐘。

我讀到這個原子鐘實驗，比較能理解我為何想待在地上。我想，也許這是一種原始的本能。如果地球的重力會扭曲時間與空間，那也許我是在不知不覺中，想辦法讓時間走得慢一點。

十月下旬某個星期五的午餐時間，也就是我從聖克里斯多福安寧照護機構取走我先生遺物的整整兩個月後，我把自己從浴室地上撕起來，打包行李，登上飛往塞維利亞的班機。我的馬桶發出的指示，在我的大腦中翻騰：

站起來，走出去，起飛。

飛機的輪子收起，我離開家，要在機場與住在西班牙的朋友西莉亞見面。

每天晚上，我們坐在熱鬧的酒吧，在一堆堆懸掛著的伊比利亞火腿之下消磨時間，他的名字串起我們的對話，就像雨滴在空空的水桶裡的回聲。每天晚上我們回到租住的公寓，都做著類似的事情。我穿上睡衣，躺在床上，蓋上被子，焦急等待酒精助我入睡，可惜酒精沒能相救。我輾轉反側，記憶的片段在我身邊閃過，一個畫面接著一個，像是柯達幻燈投影機將動態的圖案投影到天花板上，讓他重返人間。他笑的模樣，我是說真正的開懷大笑，那種猶如註冊商標的鬆狗尖笑。他的頭先往後一晃，那笑聲直入雲霄，接著是拍手，笑聲開始消退。我難以成眠的時候，他哄我的樣子，食指與中指來回輕撫我的左眉，半是睡去，但還在黑暗中醒著。

我是將自己帶到安達魯西亞的山區，但時間對我另有安排。他們說得對，心碎沒有特效藥。沒那麼簡單。心臟拉嗒、拉嗒、拉嗒穩穩跳動。沒錯，人生繼續前進，但前進的速度並非你我所能控制。我在塞維利亞度過輾轉反側的三晚之後，我們朝著加的斯（Cádiz）出發，西莉亞開車，我窩在她旁邊的副駕駛座。

瓜達萊特河（Guadalete River）在阿拉伯語的意思是「遺忘之河」，像條彩帶環繞著雄踞在峭壁上，加的斯省的山頂城鎮阿爾科斯-德拉弗龍特拉（Arcos de la Frontera）。一個神話故事中的王國，等待我們探索。我們在西莉亞的家門前停車，我大搖大擺走在碎石路上，悠哉悠哉走過一座兒童遊樂場，望著接下來一星期的家。我瞇著眼看有坡度的草地，看著一堆雜亂無章的白色房子，還有四散的野生落葉，一路通往聖克里斯托瓦爾（San Cristóbal）山。他去世之後不久，西莉亞建議我到她家一遊。喝點酒，看看書，她做飯。我沒想到會收到「救援包」，但她倒是寄了一個給我，裡面除了她的邀請，還有美國作家傑克．吉爾伯特（Jack Gilbert）的詩集。這位憂傷詩人的悲慟與格律，與我頗有共鳴。

「彷彿僵硬不動的大海失控。
一顆褪色的心。一鍋冷卻的融化物。」

接下來的幾天的午後，我出門散步，走過白色的城鎮，硬逼著懶散疲軟的雙腿，爬上蜿蜒陡峭的石階。穿過迷宮般的鵝卵石窄路，繞過搖搖欲墜的十六世紀教堂「聖伯多祿教堂」（Iglesia de San Pedro），一邊打量著風景。我走了又走，晚上卻仍舊睡不著。每天晚上，我躺在西莉亞她家的空房間，滿腦子都是關於他的思緒。在漫長的失眠中，喪慟像濃煙燻著我，把四周弄得滿是煙霧。晚上十一點變成凌晨兩點，凌晨兩點又推進到凌晨四點的恐慌，他的鬼魂似乎繞著我打轉。我翻找他的蹤跡，探索著空氣中的他，感覺好像聽見他說話。我的種種幻覺雖然沒有具體的形體，但我仍相信，他確實重返人間探望我，我的那些感覺的真實感並未減少。

「幻覺」的英文字 **hallucination**，是由醫師兼作家托馬斯．布朗（Thomas Browne）於一六四六年發明，源自拉丁單字 **alucinari**，意思是**在大腦中漫遊**。但對於真正經歷過幻覺的人而言，這種感覺稍微難形容一些。英國神經科醫師奧利佛．薩克斯（Oliver Sacks）說，幻覺經驗是「人類生活不可或缺的一部分」。這樣說很詭異，不過想想幻覺在我們的人生中有多普遍，就會知道他說得對。

奧利佛．薩克斯在二〇一二年的著作 *Hallucinations* 用了十五章，探討形形色色的幻覺，從幻聞，到幻聽，甚至還有幻肢。薩克斯在五十年的職業生涯中，遇到各式各樣的幻覺者，有些是向他求助的病患，有些是來信詢問的讀者。一位九十幾歲的女士，看見一群馬兒在旋轉柔軟的雪中吃力前行。一位化名史戴芬妮．W的病患，總是在某個高速公路的出口上方，看見她所謂的「天使」，後來接受嗜睡症治療才好轉。薩克斯的朋友莉茲歷經一場痛徹心扉的分手，正要吞下一把安眠藥，喝下威士忌，卻聽見一個聲音對她說，**不要這樣，妳不想這樣**。

我先生有時也有幻覺。奇異的先兆，告訴他癲癇即將發作。我曾要他形容給我聽，他說，他的身體能感受到幻覺，像是一堆雜七雜八，已經淡忘的記憶，從他的後腦杓，射向他的額葉。他說，那種感覺就像腦袋裡面有飛鏢在刺，會痛。他曾在二〇一七年，撰文探討他每次癲癇發作，必然出現的似曾相識感。

他為衛爾康基金會（Wellcome Trust）撰文，提及幾個月前發生的事情，寫道：「我在倫敦東區一處人山人海的公園，在一棵樹下閒晃，突然感到眩暈，緊接著是一種極其強烈的熟悉感。我身邊的人都消失了，我發現我躺在花格野餐墊上，置身在高高的金色小麥田之中。這個記憶內容很豐富，很詳細。我能聽見微風撫過，麥穗搖擺的聲音。我感覺到陽光照在頸背的暖意，看見一群鳥兒在我上方盤旋飛行。」

他每次癲癇發作之後都說，感覺一小部分的他被奪走，再也回不來。我從未明言，但我總能感覺到他在發作後的缺失，那不可跨越的距離。我默默盼望他回歸的時候，能理解這些事實。我不能跟他一起生活在那個空間。他也不希望我跟他共同生活在那個空間。那個空間屬於他一人，他與我都知道那個空間的位置。我在西班牙的一間客房輾轉難眠，這段敘事的內容變了。也許我瘋了，也許我一廂情願，但我自己的幻覺在清晨時分於空中盤旋，我感覺我們的世界重疊交錯，彷彿死亡打開了一扇門。我終於能體會他的意思，那種飛鏢刺在腦袋裡的痛楚。

幾乎所有被截肢者，在失去身體一部分之後，都會有一種感覺，也就是所謂的「幻肢」現象。對於大約百分之六十三的被截肢者來說，這種感覺很痛苦，而且起因至今依然不明。一個廣為人知的理論，是皮質重組，也就是感覺系統因應截肢而重新連結，進而引發癢、灼痛、抽痛、痙攣等感覺。但目前還沒有一種經過證實的假說。至少在我寫作這本書的研究期間，對於幻肢現象的起因，仍未有明確的定論。我越是深入研究幻肢痛，就越了解要為被截肢者感受的疼痛找到合理的解釋有多困難，要完全理解幻肢痛又有多麼不容易。就連「疼痛」的英文字

pain，也是源自神話中母龍 Poena 的名字。古希臘的太陽神阿波羅將邪靈 Poena 從陰間召來，懲罰希臘的凡人。

如果喪慟是一種疼痛，疼痛又是面對失落的一種回應，那也許幻覺是個好用的概念，能填補空白。哀悼者憑藉幻覺，能照自己的意願、自己的時間表、自己的自由意志，擺脫現實。之所以會有幻覺，也許是迷惘的大腦要再現一個不存在的人，就像再現一隻被截斷的手臂。薩克斯說，這種不安的狀態是「一種痛苦的渴望，希望能換一種現實」。至少在我看來，這個總結非常合理。但這個總結也讓我納悶，我們距離我們自身的微妙之處，怎會如此之遠。薩克斯認為，錯誤觀念一代傳一代，已經深入我們的文化與社會：

「很多文化認為幻覺就像夢，是一種特別的，有幸才能遇到的意識狀態，還會透過宗教儀式、冥想、毒品，或是獨處，主動尋求幻覺。但在西方文化，幻覺通常意味著精神失常，或是大腦出了問題，但其實絕大多數的幻覺，與這些負面的問題無關。」

我閱讀薩克斯的結論，想起我在我先生剛走的那幾個月，在衛爾康圖書館讀到的幻覺經驗，尤其是亞利桑納州美國原住民霍皮族的遺孀所看到的幽靈。最近在二〇一五年，米蘭大學（University of Milan）的研究團隊發現，失去親人引發幻覺的機率，是「極高」。研究結果證實，他們研究的鰥寡人士當中，百分之三十至六十曾有傷慟後幻覺經驗（post-bereavement hallucinatory experiences，**PBHE**），「因此幻覺現象是合理的，也是普遍的」。

要定義傷慟幻覺並不容易，因此遭遇傷慟幻覺的人，更容易感到孤獨無助。在他去世之前，我以為幻覺是看得見、聽得到的。一個站在你床前的鬼影。或是明明沒有人，卻聽見喋喋不休的聲音。但我真正遇到的幻覺一點都不具體，模糊得很。直到現在，我有時雖然希望他在我面前現身，卻從來不曾真正看見過。過去十八個月來，我經歷了幻覺引發的睡眠障礙，著實抹去了我的自我感。

第一次發生在他的喪禮前幾天，我在黑暗中突然一驚，接下來發生的事情，只能用「健忘恐慌」形容。記憶全面消失，想不起來我是誰，置身在何地。也不知道這是什麼，無論是在我右側的架子、房間角落的梳妝台，還是我現在躺的這張床，我全都不認得了。隨著時間過去，這種夜間的譫妄時好時壞，有時攪亂了我的時間感與空間感。例如我有時醒來，感覺我的雙手絕對變大了，是平常的兩倍大，就像戴上了烤箱手套。有些幻覺則是比較愉快，比方說處理我先生的遺囑認證與遺產執行的律師偶然說過，她在她兄弟一週年的忌日當天，聞到她兄弟身上的香水味。我聽到這件事，又想起二〇一二年七月，國立神經病學和神經外科醫院地下室走廊。那天我在休養室外等待手術的結果，聞到淡淡的柑橘味。

這並非一蹴可及，但久而久之，我漸漸懂得接受，甚至尊敬我的睡眠幻覺。每一個幻覺都告訴我，我的感覺是敏銳的，我的大腦是正常的，我的疼痛是真實的。在安達魯西亞度過輾轉難眠的十個夜晚，我以為這種能擴張大腦的失眠，會永遠持續下去，我再也無法享有平穩的睡眠，但我錯了。連續失眠七晚之後，我的內心起了變化。那天下午我躺在西莉亞家的客房床上，收到一位朋友以簡訊傳來的公開信。這封信或多或少激發了我內心的小小變化。這封信是音樂家尼克．凱夫（Nick Cave）答覆一位最近痛失十五歲愛子的樂迷。

「我們是一群群小小顫抖的原子，包覆在巨大的喪慟之中。喪慟佔據我們整個人的核心，透過我們的手指向外延伸，一直到宇宙的邊界。在這不停轉動的漩渦之中，所有形式的瘋狂都存在。鬼魂、幽靈、幻想中的探視，還有其他深陷痛苦的我們，以意志力製造出來的所有東西。這些珍貴的禮物不僅真實，而且有效，能解救我們，是帶領我們走出黑暗的無形力量。」

我看完這段話，睡得很沉，感覺自己沒那麼錯亂，沒那麼瘋狂。雖然在接下來的一年，我偶爾還是會失眠，但即使失眠也不會出現幻覺。大腦重新振作，身體掌握主導權，心情波動，四季更替。這一分鐘我還在加的斯的海灘漫步，下一分鐘我就匆匆沿著熟悉的人行道走回家，繞過擠在彩色小燈裝飾的酒館外面，那些豐滿的聖誕樹。我還以為不可能，但我還是就這樣活到了十二月中旬。

我對於從西班牙之行到新年除夕這段時間的記憶，即使到現在還是很不完整。說說我記得的少數幾件事。我應邀前往曼徹斯特，參加新出版的文集的發表會，這本文集我也出了點力。我又開始工作，因為我迷失在自己的文字，就會享受編輯別人的文字的過程。我把兩張暴女（Riot Grrrl）海報加了框，擺在客廳牆上。我家房子的保單要更新，我勾選了「**鰥寡**」選項。我常常笑。我常常哭，在辦公室、在朋友家，在公共洗手間隔間，在公園長椅上哭。我在超級市場排隊的時候發脾氣。我揮拳搥牆壁。我對著公車司機大吼。我把婚禮照片取下，又重新擺上去。我買了演奏會的票。我一邊做晚餐，一邊跟著瓊妮・密契爾（Joni Mitchell）一起唱。我對著我們家白樺樹上的鳥兒輕聲說話。

我在十一月中旬決定重返職場。身為自由作者，我在他去世之前，曾在女性網站 *The Pool* 擔任全職作者與編輯。我從西班牙回來以後，覺得我那間空蕩蕩的公寓顯得更空了，而且比起九月中旬，樹葉剛開始從翠綠轉為紅銅色的時候，現在更為陰暗寒冷。於是我遊蕩在 *The Pool* 辦公室，聊著天，打著字，用一種漠然的態度，讓自己踏出家門就與他的死劃清界線。在聖誕節之前的某一個星期五晚上，我在牛津圓環（Oxford Circus）的 Topshop 時裝店閒逛。我一時衝動，臨時取消與好友的下班後喝酒聚會。我不想聊天，不想交際，但心情如此陰鬱，也不想在尖峰時間搭乘人擠人的地鐵。這家店明亮的燈光，輕快的音樂吸引了我。悲痛的我渴望隱身在人群之中。

這種抽離，其實是應對節慶的最佳方式。抽離不是否認，而是漠然。我承認節慶的存在，但我對那些唱頌歌的人、俗豔的燈光，紅色杯子裝著的蛋酒拿鐵無感。過往的聖誕節，我們家只會適度慶祝，但從來不會捨不得花錢在聖誕樹上。我們第一次一起正式慶祝的聖誕節，是在他動完大腦手術的五個月後。他儘管身體虛弱，還是堅持扛著，不對，應該說拖著那棵巨冷杉，從我們家附近的酒館，走上大街，再轉個彎，一路拖進我們家客廳。我跟在後面，與他們相隔三步，一路上喊著無用的建議。他則是大口喘著氣，罵著髒話，走過一臉不高興的購物人群身邊。但他把樹幹放直，固定之後，笑得好燦爛，心裡好得意，手術之後還能成就這番大業。

聖誕樹是他唯一真正喜歡的聖誕節元素，也就是與基督教無關的元素。我們家的書架上，有一整個區塊擺放的都是這些非基督教信仰的書：民間傳說、儀式、習俗。有一次我在他的勸說之下，陪他在某個冷颼颼的十月的星期天早晨，到莎士比亞環球劇場（Shakespeare's Globe），去看莓果人（Berryman），一個從頭到腳全是綠色油彩、葉子、莓果、樹葉的男人，領著玉米王后（Corn Queene）、搖擺木馬（Hobby Horse），還有一群伊莉莎白時代的臨時演員，在波羅市場（Borough Market）遊行，慶祝十月豐收（October Plenty）。我發牢騷，我當然要發牢騷，但我在內心深處，還是很欣賞他這種難能可貴的好奇心，給我挑戰也給我喜悅，我嘲笑之餘也心生敬重。

我不忍心在二〇一八年布置聖誕樹。我也想過買一棵樹。我站在我們家附近的酒館外面，望著針葉樹，但松樹的氣味太濃郁，很難不讓我憶起往事。獨自一人延續這個儀式，再走一遍他在我們家附近走過的路，重現我們曾經共享的經歷，感覺像是背叛。聖誕裝飾不只是聖誕裝飾，也是勾起傷心往事的紀念品。

每一件代表的不只是一個回憶，而是收藏在易碎玻璃裡面的許多回憶。現在要我裝飾一棵聖誕樹，等於是要我在家裡的客廳中央，拿俗豔的花邊堆出一個他。一個鬆散的石堆，由更鬆散的回憶組成，一個疊一個，一不小心就要倒塌。

總之我的心思不在這裡，應該說在五千五百四十五英里之外，在花兒生長的地方，在淡水泉裡輕輕蕩漾。我聽見柳樹下傳來輕輕的拍打聲，循著聲音走去。在一片朦朧的濃霧中，一座水上花園，一個隨水起伏的伊甸園高高升起。

第二部：水

河在我們心中，海在我們四周。
海亦是陸地之盡頭，伸入花崗岩，翻騰於海灘。
隱隱現出往昔生物之蹤跡：
海星、鱟、鯨之脊骨。
海向我們奉上諸多驚奇：
嬌弱的海藻與海葵。
海浮出我們失去之物：破裂的圍網。
碎裂的龍蝦籠、毀壞的槳。
還有死去的外國人的裝備。海有許多聲音
有許多神，亦有許多聲音。

——托馬斯・斯特恩斯・艾略特（T.S. Eliot），「救生岩」（'The Dry Salvages'），收錄於《四個四重奏》（*Four Quartets*），一九四〇至一九四一年

第4章 告別那個曾經是我的女人

新年第一天，船夫的槳劃過墨西哥市以南十七英里的柔滑水面。船夫手中的槳在水面下默默划動，船上的安迪與我見狀，還以為划船並不吃力。我們在房屋之間緩緩前行，穿過溼地，我看見一位身穿圍裙的奶奶，從窗戶探出身子，把洗好的衣服夾在曬衣繩上。我與她短暫對望，直到我們的彩繪駁船，走過低矮的運河橋下。斑駁的陽光讓陰影無所遁形。從這裡開始，映入眼簾的不再是屋頂與門，而是垂蕨與高聳的柏樹，倒影在水面上顫動捲曲。

一幅會動的織品，融合了各種綠線：翠綠、鼠尾草、苔蘚、藍綠，隨著遠方傳來的街頭樂隊的喇叭聲舞動。在這裡，幾乎分不清陸地與水域。雪松與松樹忽隱忽現的卷鬚，完全融入我們四周的樹木，看上去就像一幅織錦，許多濃密的指尖往上伸向天空。我吸入煎玉米餅與煮玉米棒那甜美質樸的香氣，在小船的一側傾身，啪嗒啪嗒拍著藍色的水，腦海想起另一人的話語。

「河在我們心中，海在我們四周。」

有些詩歌能穿透你的表層，與你的內在徹底結合，再難分離。托馬斯・斯特恩斯・艾略特（T.S. Eliot）在一九四〇至一九四一年的倫敦大轟炸期間，寫下「救生岩」（'The Dry Salvages'）一詩，是他的《四個四重奏》（*Four Quartets*）的倒數第二首。當時他在南肯辛頓擔任晚班防空隊員，迅速寫下這首詩的初稿。這位孜孜不倦的詩人，在受到圍攻的首都走過火焰。

不過這首詩的題目，是源自他在大西洋另一頭的孩提時光，在美國麻州安海角（Cape Ann）沿岸的一小堆岩石。因此這首詩的韻律在海洋與石堆之間流動，一個「在時間之內，又在時間之外的時刻」。很多人說「救生岩」是希望之詩，但其實也是警世之言。艾略特的詩篇包裹著不可知的時間之謎，要我們完全走出時間，擁抱一個沒有起點，也沒有終點的廣袤空間。一個模稜兩可的空間，「向上之路亦是向下之路」，「往前之路亦是往回之路」。

我的另一半囑咐我，將他的骨灰灑散在泰晤士河畔。那時我對他說，我打算回到墨西哥，回到我們七年前度假之地。從很多角度看，那趟旅程象徵著一種開端。是結束，也是開始，是我們在時間之內，又在時間之外的一段日子。

二〇一一年四月的某個晚上，我二十八歲生日的前一天，我們坐在墨西哥阿卡普科（Acapulco）西北方的海灘，手上拿著冰冷的瑪格麗特，凝視著海浪。我曬傷的大腿靠著塑膠椅，摩擦得直疼，但那天晚上的我並不在意。我的腳趾埋入涼爽的海沙。我望著天空從木瓜色，變為櫻桃色，再變為矢車菊藍。我們在市區閒逛了一下午，現在臉頰紅紅的，刺刺的。我有一種預感，覺得就會是今晚。會有這種預感，絕不是因為我能看穿人心，而是因為他向來藏不住預先安排的驚喜。不是太興奮，就是有所遲疑。這次是犯了遲疑的毛病，倒也情有可原，畢竟我先前一再堅稱，我不適合婚姻。

我們度假的一個月之前，在家附近的酒吧，他坐在對面問我，如果有人向我求婚，我會作何反應？「比方說在沙灘上吧。」**我真的對婚姻反感嗎**？我忍住一抹心裡有數的微笑，答道：「不，不是反感，但也不會一心追求。」

我從來不曾將枕頭套蓋在頭上，想像我的大日子，但我向來渴望愛情。在我看來，愛情並不等同婚姻。在我們認識之前的那些年，我以狂放的作風掩飾軟弱的內心，追逐狂風暴雨般的戀情。在我的少女時代，我媽經常在下著雨的星期天午後，帶我去泰德不列顛美術館（**Tate Britain**）。從此我對愛情的概念就有點扭曲。當時大多數青春期少男少女的臥室，都貼著接招合唱團（**Take That**）的海報，而我宣示自我的牆面，卻是約翰．艾佛雷特．米萊（**John Everett Millais**）畫作《歐菲莉亞》（*Ophelia*）的巨型仿作，歌頌的是有自殺傾向的青少年激情。我在我家附近的 **Athena** 藝品店看到這幅仿作，立刻買下，還蓋上保護膜，準備流傳給後代子孫。後來我一頭鑽進《簡愛》（*Jane Eyre*），只是把問題弄得更嚴重，就此走入十年的毀滅。現在我習慣將那段歲月，稱為我的「羅徹斯特先生時代」。

二十出頭的我，以為愛情就是痛，以為愛情是一種終極的捕蠅草，纏住很多人。纏人的不是致命的刺針，而是一種同樣致命的錯覺，以為會痛就代表真實。

我在結識後來的另一半之時，追尋的是較為溫柔的愛情，是一個我確定的人。我們在第一次約會的幾年前，其實就已認識。那是二〇〇〇年代中期，在快速衝向王者大廈（King's Reach Tower）二十五樓的電梯中。那是一棟位於南華克（Southwark）的破舊高樓大廈，與《新音樂快遞》（*New Musical Express*）雜誌那些骯髒事是絕配。我是《新音樂快遞》新聞組的菜鳥自由撰稿人，是個喜好喇叭褲、巴布狄倫未發行的音樂，以及布考斯基（Bukowski）詩作的異類嬉皮。在螢光棒、新狂歡音樂盛行的時代，我這種果敢的個人風格，引來同事日日取笑。他是副主編，是衣著體面的車庫搖滾樂愛好者。沉靜的舉止，掩蓋了骨子裡熱愛前衛音樂的叛逆性格。我們共事一年多，但卻是在我離職之後，才真正有了交集。

我被這份工作弄得身心俱疲，也被並非良人的前男友蹂躪得遍體鱗傷。我們坐在倫敦蘇活區（Soho）的 Bar Italia 義大利餐廳的高椅上，在深夜時分喝著濃縮咖啡。咖啡機呼呼作響，我總算能喘口氣。

兩年後，在墨西哥太平洋沿岸衝浪小鎮芝華塔尼歐（Zihuatanejo）的海灘上的求婚，是全無俗套，只有柔情、坦誠、真心。他沒有刻意安排橋段，只是靠過來，在我耳邊低語，說的是一個詩節，但他聲音太小，我幾乎聽不清。戒指是銀與紫水晶材質，暫時充當真正的結婚戒指。他說，他覺得不該由他為我挑選戒指。他也挑選過，在一個星期六下午，在倫敦哈頓花園（Hatton Garden）的幾家珠寶店奔走，指著玻璃展示櫃裡面的裝飾風戒指，但他心裡總覺得這樣不對。他問道：「這些父權傳統是怎麼一回事？」每天戴著戒指的人是我，所以理當由我自己挑選。話雖如此，他還是需要一個道具才能求婚。於是他在前一個月，偷偷窺探我的珠寶盒，悄悄使出猶如阿嘉莎．克莉絲蒂偵探小說的手段，用一塊寶貼萬用膠（Blu Tack）黏在我的一枚戒指的外圍，量測我的戒圍。

他在生命的最後一個月，變得極為在意他的婚戒。有一天早上，我抱著一堆補給品，包括臘腸捲、檸檬糖霜蛋糕、乾淨的衣服，還有幾罐健力士啤酒，走進安寧病房，看見他焦急翻找抽屜與櫃子，要找戒指。耀眼的金戒指不在手上，他非得找出來不可。每天晚上他睡覺之前，總會脫下戒指。每天早上他都會叫人把戒指拿來，重新戴在無名指上，慎重的模樣就像我們結婚當天。他去世幾小時之後，我將他的婚戒，串在一條舊的純銀線圈項鍊上。我的拇指穿過那戒指，常常順著無盡的線條一路撫摸。四個月後，在我飛往墨西哥市的那天早上，我從珠寶盒拿起那枚紫水晶銀戒指，鄭重戴在右手，戴好才拖著行李箱走上樓梯。

在詩人托馬斯．斯特恩斯．艾略特的世界，時間能摧毀，也能保存。我向安迪說起前往墨西哥的打算，我說，這是一場朝聖之旅，其實我不太明白朝聖究竟是什麼。我讀過有人走入印度北部瓦拉納西市（Varanasi）的恆河沐浴。每天早上，恆河岸邊擠滿了朝聖者。他們面向逐漸升起的太陽，徒手舀起一把河水，高舉過後再放回河流。恆河是印度教徒心目中的神聖河流，是一個天體，是恆河女神的化身。相傳恆河的水曾經流經濕婆神的頭髮，直到現在，恆河畔的儀式仍在紀念這則傳說。

馬尼卡尼卡河壇（Manikarnika Ghat）是恆河最神聖的火葬場。印度教朝聖者相信，大體在這裡火化，靈魂就能脫離無盡循環的轉世輪迴。尼爾．麥奎格（Neil MacGregor）的著作《諸神的起源：四萬年的信仰、信徒與信物，見證眾神世界史》（*Living with the Gods*）提及，哈佛大學比較宗教與印度研究教授戴安娜．艾克（Diana Eck）寫道，在恆河沐浴是一種敬拜：

「雙手舀起恆河的河水，再倒回恆河作為奉獻，是一種敬拜。恆河是盛大的敬拜場地：這座大型聖殿只不過碰巧是條河流罷了。」

安迪與我用了兩小時，搭乘三班地鐵，才抵達我在墨西哥市的水上聖殿。一月一日，我們從綠意盎然的北邊郊區一間租來的公寓，前往十九英里之外的索奇米爾科（Xochimilco）運河區。每天都有大批觀光客湧向這座水上花園，排隊搭乘色彩鮮豔的遊船，探索全長一百一十英里，神奇又神祕的運河系統。運河系統的前身是廣闊的湖泊，如今規模縮小。走在墨西哥市中央的道路上，一眼望去盡是摩天大樓與辦公大樓，簡直無法想像這座人口九百二十萬，生氣蓬勃、煙霧瀰漫的大都市，曾經位於水上。阿茲特克人（Aztecs）在大湖興建他們的城市。就連名稱也會流動：在阿茲特克人的納瓦特語（Nahuatl），墨西哥谷叫做Anahuac，意思是**水邊的陸地**。湖水現已不復存在，但湖水的節奏仍存在於水道中。西班牙人征服墨西哥之後，為了避免這座城市遭受水災，興建了人工排水系統。

我越了解這段歷史，就越能體會墨西哥這個國家的失落與悲傷。特斯科科湖

（Lake Texcoco）如幽靈般沉陷，路面鋪設的每一塊石板下方，都有一則欲待述說的故事。靜心聆聽，就一定聽得見。

索奇米爾科也述說著自身的過往，蕩漾著，流動著。這座漂浮的城市有個綽號叫做「墨西哥的威尼斯」，有兩條河流，有迷宮般的運河支流，也有湖泊的遺跡。索奇米爾科這個名字結合了納瓦特語 xochitl 與 milli 兩字，意思是**花朵生長之地**。這裡的水上花園叫做 chinampas，至今仍有人種植植物與作物販售，包括大麗花、萱草、玉米、蘿蔔、芫荽等。這裡也是尋歡作樂之地。我們的遊船才轉進運河主水道，船頭立刻撞上另一艘船的船尾。在擁擠的水道，那麼多艘船載著狂歡痛飲的墨西哥人，這樣的碰撞是常有的事。有些船隻轟然奏著傳統班達（Banda）音樂，有些販賣花冠以及加了糖的番茄汁、啤酒、萊姆，以及香料做成的 michelada 雞尾酒。我們右方一艘特別喧鬧的遊船，吸引了我的目光，我看著四個男人喝著啤酒跳著森巴，想起我先生與我在阿拉爾孔塔斯科（Taxco de Alarcón）遇見的探戈舞者。

那天晚上我精心打扮，我們走在城鎮的鵝卵石路，一路上閃過超速駕駛的福斯金龜計程車，我不時停下腳步，興奮地捏捏他的手臂，一邊滿懷渴望看著精品店櫥窗，那一排排塔斯科的傳統手工銀器珠寶：鑲滿綠松石的手鐲、阿茲特克風格的耳環、石榴石與黃寶石戒指。我們總算選定了一家餐廳，冒險點了一盤烤仙人掌塔可餅，上面淋滿了起司。那天晚上溫暖舒適，空氣中帶些溼氣，繚繞著我用髮夾夾住的髮辮兩側溜出的薄薄幾綹頭髮。我的雙頰開始發燙，只好啜著冰冷的啤酒降溫。

幾小時後，我們坐在當地的酒吧外，看著主廣場上演的熱鬧戲碼。我記得我看見一對六十幾歲，特別深情的男女，以**慢、慢、快、快、慢**的節奏，在廣場共舞。在那一刻，我立刻回到那個早晨，那是我第一次在不屬於我的床上醒來，卻能在被單下方，感受到溫暖舒適的感覺。當時我二十六歲，從未有過這種感覺。我的目光跟隨著那對跳著探戈的情侶，這種感覺再次浮上心頭。我的人生中的兩個場景，分屬不同的時空，卻在心中合而為一，因為歸屬感而得以串連。

從我們第一次約會，到在墨西哥乘車旅遊中間的兩年，我開始生根。我在不知不覺中，對於周遭環境多了一些信任。在二十出頭歲的時候，我想寫作，卻不知道該怎麼寫作。我想說話，卻又不確定想說的話值不值得說。我想愛，卻一再走向我知道我永遠不會愛的人。我默默坐在倫敦西區的酒吧，而那個即將成為我的前男友的男人，則是對著他的酒哭泣，因為他讓我太傷心了。於是我們回到二〇〇九年，**Bar Italia** 的高椅上。我迫切想要改變，但也很失意，因為我知道唯有自己努力，才能有所改變，但我不知該怎麼做。

我先生與我開始交往的一年前，我對那個即將成為前男友的男人說，當初吸引他愛上我的那些特質，現在正是讓他反感的原因。我早猜到了。早就料到了。男人要的是幻想，要的是複雜、調情、煙燻眼妝、言不由衷。我通常能給出這些，但那不是真正的我，所以問題只變得更複雜。在我交往過的對象當中，我先生是第一個看穿我所有偽裝的人。他沒有逼迫，沒有敦促。我得到的是守護，而非牽引。他是謙卑的，知道他沒資格把我塑造成他想要的樣子。

我先生與我的節奏比較接近**慢**、**慢**、**快**、**快**、**慢**，而且確實有效。我們找到了一種僅屬於我們的多重節奏常規。那次深夜共享濃縮咖啡的幾週之後，我被爐盤上水壺開水煮滾的笛音吵醒。雖然要等到幾年後，我才能完全領悟，但當時他的被單滑過我的肌膚，那種感覺就像回家。

一個單字的根源可能很難發現。以「家」（home）為例。家可以是一個實體空間，也可以是一種形而上的概念。有些人窮盡一生追求一個家。也有人甘願一輩子守著自己唯一熟悉的家。我在二〇一八年十月，首次以文字談到我的悲傷。我向 *The Pool* 雜誌的讀者宣告：「我的先生逝世至今，已經五十二天。我想念有他在的家。」「想家」一詞似乎最能形容我當時心中狂暴的悲痛。那種感覺就像一種渴望，緊緊抓住我整個人，力量之大，我從一個房間飄盪到另一個房間時，靈魂簡直要脫離肉體。我最近發現，想家的威爾斯語是 **hiraeth**，比英語更能表達這種複雜的情緒。**Hiraeth** 這個多層次的名詞，貫穿了過去、現在和未來。這個名詞代表想念故國卻無法回歸的心情，也許這個故國只存在於你的想像之中。這個名詞充滿了沒有邊界的失落。隨著十二月結束，開端與過渡之神雅努斯（**Janus**）的月份開始，我也緊抱著 **hiraeth** 不放。

我在新年伊始離開家，想找到一條找回自己的路。這聽來確實老調，但有些陳規會有人氣是有原因的。旅行這個概念的深度，近年來或許稍有下降，被選秀節目 X Factor 的蒙太奇影片，以及 Instagram 上五花八門的言論沖淡，但無論我們喜不喜歡探究旅行的意義，每個人畢竟都是愛動的動物。我大可仿效電影《享受吧！一個人的旅行》（*Eat, Pray, Love*），選三個迥然不同的地點，當個背包客一一遊歷，追求某種內心平靜，說不定在旅途中還能撈到一個想成為哈維爾．巴登（Javier Bardem）的男人，但總覺得這樣也沒什麼意思。我也可以把眼睛閉上，拿著筆電滑鼠，隨意在 Google Maps 的某一處加上黃色記號，打破常規，勇於冒險，但感覺這樣也不太對勁。我感覺存在於內在的水不斷變動，變淺又四散，渴望某種重複，這正是我去墨西哥的目的。以重複推動自己向前，追尋的不只是過去，還有我的現在與未來，探索未來可能的樣貌。

我也在尋求保證。我必須向自己證明，我的兩個自我之間有著差距。一個是二十八歲，在墨西哥海灘說出**我願意**的我，另一個是三十五歲，親吻著我先生冰涼發灰的額頭，哭喊**不要，不要，不要**的我。我總算嚐到真正的愛與痛同時發生的恐怖滋味，但我究竟走了多遠？是否可能走回頭路，變回那個認識我先生之前的女人？這有可能嗎？我因心有疑慮，夜晚難以成眠。在黑暗中，揣測的低語刺激著我。我對**可能發生的事情**感到恐懼。唯恐我先生是個異數，現在的我沒有他沉穩的指引，我會被水流完全拖走。

有時候你必須往回走，才能找到一條通往現況的新道路。在我先生的喪禮上，我與聚集在現場的六十幾位親朋好友，分享一段回憶。喪禮在一家美術館舉行，五年前我們就在此地舉行結婚典禮。美術館位於泰晤士河畔的特威克納姆（Twickenham），一棟興建於一七一〇年的帕拉第奧（Palladian）風格別墅。我站在五年前我說出**我願意**的地方，唸出長達三頁，Arial 字體的情書打字稿。他去世之後的那些日子，我迷亂的大腦帶我回到一個我始終無法展現給他看，卻常常提起的地方，一個源自過去的小小角落。我的回憶是康瓦爾（Cornwall）東南區的濱海陸岬。每年我的家人還有祖母，都會帶著我到那裡去。小時候狂放不羈的我，沿著曲曲折折的路，奔下懸崖的表面。我媽看著我順著窄窄的濱海小路跑向大海，緊張得大喊大叫。

我對喪禮上的賓客說，那是我的童年歲月，是我還不知恐懼與後果為何物，世界還沒有被磨去一兩層的時候。那是興奮、好奇、信念與冒險的時光。我在認識我先生之前的那些年，或多或少失去了一些無畏的精神，離那個濱海小路上的女孩已經有點遠。我對眾親友說：「最純粹的感情，能帶領我們回歸自己。」其實這話只說了一半，因為一段感情消散，這種回歸也會瓦解。

他去世大約一個月前，我晃進國王學院附設醫院（King's College Hospital）旁的公園，坐在露天音樂台附近的長凳上。我轉身調整我的外套，瞥見公園的紀念匾牌，大聲唸出上面的文字，惠特桑德灣（Whitsand Bay）的種種回憶，就在上方的栗樹沙沙作響。匾牌上的字是「聖則濟利亞，歌唱者的主保聖人」。

「我們都具備歌唱的能力，只是忘了怎麼歌唱。」

從很多角度來看，我二度前往墨西哥的旅程，充斥著懷舊的情緒。「懷舊」一詞的定義歷經多年演變，變得較為寬鬆，但在十七世紀末首度出現之時，很多人真的以為是一種疾病。瑞士醫師約翰內斯．霍弗（Johannes Hofer）甚至在論文中將懷舊定義為一種悲傷，認為這種新型疾病是由兩個希臘單字組成，一個是 **nóstos**，意思是**回家**，另一個是 **algos**，意思是**痛苦**或**疼痛**。幾百年下來，懷舊變成一種需要治療的疾病，而不是一種需要浪漫化的生存渴望。瑞士醫師亞伯特．

范．霍勒（Albert Van Holler）記錄許多與懷舊有關的症狀，包括昏厥、缺乏食慾、胃痛，以及幻覺。十八世紀的醫師甚至尋找所謂的懷舊骨，彷彿一個人嚮往遠方的某地，想回到無法重回的過去，全是因為身體的某塊組織出了問題。現在我們常常形容懷舊是一陣一陣的，好比悲傷本身，這種苦樂參半的渴望就有如潮汐起落，是一種煩亂不安的感覺，在醫院診間也說不清，道不明。

我坐在出境候機室，一手拿著寬邊帽，一手拿著登機證，一陣陣的懷舊情緒再度湧現。拖著行李走過希斯羅機場，內心又被瑣碎的懷疑佔據。這麼做是不是有點瘋狂？往回走，一路走到我和亡夫七年前一起看日落的地點？不請自來的思緒在我心中奔騰，好比一群無用的旁觀者組成的希臘戲劇合唱團，問的問題也同樣無用。他們問，妳為何如此？我答道，為了道別。這個答案很簡單，卻有很多種意義。我這次遠行是為了放手，**告別已離我遠去的男人**，而走上飛機，**也是為了告別那個曾經是我的女人**，在那個海岸上許下「我願意」的二十八歲女子。這個目的同樣重要，也許比告別亡夫更重要。

我先生曾說，回憶是一種心理的時空旅行。吳爾芙（Virginia Woolf）說回憶是「善變的女裁縫」。法國意識流作家馬塞爾・普魯斯特（Marcel Proust）則是在瑪德琳蛋糕溼潤的碎屑入侵他的味覺時，感覺到一種不由自主的回憶。我從墨西哥市起飛，歷經短短一小時飛行，在芝華塔尼歐走下飛機的那一刻，第一個印象是當地的溼度。我的皮膚都要化成水了，肩膀上的雀斑輕輕蕩漾。空服員終於打開機艙門，我拖著腳走下登機梯，踏在滾燙的柏油路上，悶熱的風呼呼吹在身上，我的頭髮扭結捲曲。

他們說這叫感覺記憶，是視覺、聽覺、嗅覺、觸覺與味覺，剎那間喚醒塵封已久的回憶。安迪與我走下飛機，過往的回憶先是輕撫我的雙頰，又將我環抱入懷，感覺就像與真人擁抱一樣真實。我們在墨西哥市停留了五晚，現在回到一切的中心。這麼做很冒險，但我真心相信沿著來時路往回走，終究得以釋放我自己。那天晚上，我們順著兩旁樹木林立的漁人步道，慢慢走向水邊。我的眼裡有淚，這是我第一次覺得眼淚聽我使喚。

僅僅幾天之前，我才在凌晨四點，在墨西哥首都一間租來的公寓的沙發上啜泣。整整一星期，我難以成眠，不是半夢半醒之間的短暫幾小時的輾轉反側，而是深廣如大海的覺醒，讓我不由得想念上次在西班牙失眠發作時，那種神奇的現實。至少我可以沉迷在那些妄想中，騙自己也許在幻覺中曾經睡著過。我瞇著眼，看著幽靈般聳立在臥室另一側的衣櫃的鮮明線條，但衣櫃的木板始終是硬梆梆的，不會移動。每次我才剛要失去知覺，身體的肌肉就會猛地抽搐，將我拉回清醒狀態，失落的我只能怒捶床墊。

我起身，到廚房晃蕩。我打電話給母親。她說我很勇敢。

我們在墨西哥市最後的幾天，在飛往芝華塔尼歐之前的某一天晚上，我從提款機領出一疊披索，沒拿走簽帳卡，就這麼恍恍惚惚地離去。三小時之後，我才想起被我遺忘的簽帳卡。這時我們已經走過半個墨西哥市，身在旅館酒吧，想回去拿也太晚了。我大口吞下一杯瑪格麗特，心想，**繼那一大堆用品與回憶之後，又失落了一樣東西**。

安迪掏出皮夾結帳，對我說：「沒關係。」但我覺得才不是沒關係，一點也不會沒關係。我們走回公寓的路上，我胸中的怒火越燒越高。

安迪如此冷靜，只是讓情況變得更糟。我們打開前門，我把包包扔在廚房的台子上，大吼大叫。我叫叫嚷嚷，來回踱步，從炊具走到冰箱，他只是聽著，站著不動，刻意保持沉默，把舞台讓給我，看著我的情緒傾巢而出，因為他知道我需要發洩。這時他才明白，他的冷靜不僅無濟於事，還會讓情況更糟。我跟他心裡都明白，我其實不是為了簽帳卡生氣。我氣的是癌症，是屢次撥打九九九電話，是內衣出現在他放襪子的抽屜裡，是別人歪著頭表示同情，也是還在等著我回去處理的那些沒完沒了的文書作業，而且我不知道該把怒氣對準何方，所以只能擲向牆壁。

我們抵達芝華塔尼歐的第一天晚上，我吞下兩顆褪黑素，祈求自己的身體能放過我。接下來的一個禮拜，睡眠一步一步慢慢重返我的人生，先是四小時，再來是六小時，最後終於是八小時，彷彿先前都在耐心等待海水的呼嘯撞擊。海水的節奏舒緩了我的情緒，柔和了我的心靈。碎浪反映著我內心的狂吼。

我們搭機返回墨西哥市的幾天前，安迪與我閒晃到一家名叫 La Sirena Gorda 的餐廳，餐廳名的意思是「胖胖美人魚」。我們又點了我先生與我訂婚那天晚上，我吃的餐點：烤得黑黑的紅鯛，搭配重口味酪梨醬與鹹鹹的墨西哥玉米片。

吃完晚餐，我們在附近的酒吧叫了濃烈的瑪格麗特，拿著走向海灘。我踢去腳上的涼鞋，躺在冰涼的沙灘上，一會兒啜飲鹹鹹的萊姆柳橙調酒，一會兒用指尖描畫著未知的星座。視覺、聽覺、嗅覺、觸覺與味覺。我為了感受全部五種感覺，繞了半個地球。在我之前，已有多位心碎的探險者，踏上這樣的朝聖之旅。

作家山繆．約翰遜（Samuel Johnson）的父親於一七三一年去世。五十年後，他回到斯塔福郡（Staffordshire）的家鄉，獨自站在市場廣場「淋著雨，就站在我父親曾經設攤的地方」。父親死後多年，他才展現出壓抑許久的悲傷。在這個位於英格蘭西密德蘭郡的集市城鎮，居民每年都會以特別的儀式，名為「約翰遜的悔罪」，紀念約翰遜的贖罪之舉。我的公公去世幾個月後，我先生走到英國民謠搖滾樂團 Fairport Convention 主唱桑迪．丹尼（Sandy Denny）位於普特尼谷公墓（Putney Vale Cemetery）的墳墓。那是一種世俗的朝聖，他得以抒發在父親面前無法展露的情緒。二〇一七年，我看到一則新聞報導，一位痛失十幾歲愛女的父親，為了將愛女安放在自己的心中，前往西班牙西北部的聖雅各之路（Camino de Santiago），踏上長達五百六十英里的朝聖之旅。

對於身兼作家與神學家的克利夫・斯特普爾斯・路易斯（C.S. Lewis）而言，時間的概念是他在愛妻於一九六〇年逝世之後，始終解不開的謎。時間變成一道遙遠的風景，他陷入深深的困惑，向來深信的基督教信仰的根基也開始動搖。他在日記中激動寫道，宗教沒能解答他的疑惑，於是他在內心展開一場朝聖之旅，想知道與短短四年的婚姻相比，永恆的意義究竟是什麼？他在他的沉思論著 *A Grief Observed* 問道，「**現在**是什麼意思？如果死者並不存在於時間，或者不存在於我們所認知的時間，那我們談及死者，使用**過去式、現在式、未來式**又有何差別？」

我受到路易斯啟發，也開始斷斷續續寫日記。日記的名字很沒創意，就叫 *A Grief Observed #2*。一個黃色信封夾在日記封面與第一頁之間，裡面裝著他去世兩天之後的一個午後，我吃完德國泡菜與馬鈴薯泥，在河岸拾起的野生紫蘿蘭花做成的脆脆的壓花。日記的開頭是鬼魅般的鉛筆字跡：「我想，這就是悲傷吧。」（我還要再寫個幾頁，才會改用能留下永久字跡的伯羅圓珠筆。）「悲傷就是看不見地平線，是坐在划艇裡，水打進船的兩側，船身輕輕搖動，一種潮溼的感覺襲上我的額頭。」

地平線太適合日記的首頁。地平線是明確的界線，卻也模糊不清，形成一個我們終究會失去的觀點。如果從太空，以海拔幾百英里的高度看著地球表面，地球與天空的界線就會變成一道凸起的弧。生者與死者的界線也差不了多少。低頭看著一抽屜的內衣與襪子是一回事。把每一樣撈出來，裝入垃圾袋，絕對是另外一回事。這是一件苦差事，我自己都覺得可恥，好像我丟棄的是我先生，而不是他在塵世的衣物。死亡抹去了我對於時間與地點的所有感覺，我的觀點彎曲，凝視的對象變了。我在大氣中飛快行進，環繞著一個無邊無際的地方行走。那是一片奇特的漆黑，沒有清晰的邊緣，也沒有具體的形體。內疚感就存在於此地。

如果說人生的某些事件，能讓我們徹底告別過往的自己，那麼這些事件之間的空檔，能讓我們更接近我們尚未成為的人。我飛越半個地球，才稍微接近她一絲一毫。「她」是那個我尚未成為的陌生女子，也是那個許久以前，在濱海小路上的女孩。踮著腳向前一步，又踮著腳往後一步。我覺得應該可以說是**過去**與**未來**的中間點。這在人類學還有一個名稱。閾態是一個起點，是比利時民俗學者阿諾德．范．杰內普（Arnold van Gennep）率先命名的一種過渡狀態。他認為這段迷失方向的日子，是每一個通過儀禮的基本階段。范．杰內普說，閾態階段必須有破壞性，但也要有建設性，才能引發蛻變。死亡、離婚或疾病這些痛苦的時刻，也就是他所謂的「生活模式」，都有可能引發蛻變。正如他於一九〇九年發表的《通過儀禮》（*Rites de Passage*）所言：

「對於團體，以及個人而言，人生本身就是要分離、重聚、改變形體與狀態、死亡與重生。人生就是要行動與停止，等待與歇息，然後再開始行動，但要換個方式行動。」

一月初的某一個天氣宜人的傍晚，我坐在靜止不動的浮筏裡，一個蹦床的網子上，看著黃色與橙色的光，斑斑點點灑在閃閃發亮，流向朦朧地平線的海水。融入海洋，又與粉藍色的天空合而為一。我心想，**如果他還在兩個世界之間穿梭，那也許我也一樣**。有位船員用船上的立體音響，播放約翰．藍儂的《想像》。另一位頂著一頭亂髮的船員，遞給我一杯龍舌蘭酒。我一口氣喝乾，望向浩瀚的海水，目光掠過太平洋絲滑的波紋，瞇著眼看海面上耀眼的橘紅色圓盤，停留在海面上，像一根超大棒棒糖。我心想，**他不喜歡這首歌**。我看著太陽墜入海中，心想，船雖然沒動，但太陽墜入海中其實是錯覺，因為**真正在移動的是我們**。海水打得船身左右搖晃，我能感覺到每一次的起伏。

我的諮商師曾對我說，我哀悼的是兩起死亡。第一起顯然是我先生的死亡，但我自己的死亡，至少是一部分的我自己的死亡，是一種比較複雜的見解。我需要時間，才能將這兩起死亡徹底分開。用 Google 搜尋「海豚」與「悲傷」，就能看見這種分離儀式的影片。

有一段二〇一九年的影片，是一隻狂亂的海豚媽媽，推著哄著牠死掉的海豚寶寶，穿過佛羅里達州的水域。在紐西蘭、中國南方，以及希臘，也有人看過這種現象。二〇一七年，有人拍攝到一隻瓶鼻海豚媽媽，在希臘西部安布拉基亞灣（Ambracian Gulf）波浪起伏的水域，撫摸著、輕推著牠的寶寶。這是一種狂亂的悲傷，海洋生物學家認為，心神恍惚的海豚媽媽，是想用這種辦法讓寶寶復活。這段影片我看過許多次，一遍又一遍地看，彷彿悲傷的海豚媽媽的舉動，正是我無法對親朋好友明言的事：我自己在水中也做不到放手，讓他走。

你終於接受死亡的那一刻，是最大的讓步。我看著我先生在安寧病床上，慢慢接受他即將不久於人世的事實，但我還要過很久，才能跟他一樣，坦然接受他的離去，完全不去幻想他會復活。他和我結合至今，終於到了分離的時候，從此踏上兩條不同的路。一個要走向死後的世界，另一個不得不停留在人間。

克利夫．斯特普爾斯．路易斯寫道，激動的悲傷並不會讓我們與死者結合，反而會讓我們與死者分離。也許本來就該如此，或許我們在激動的悲傷之下，對自己說的那些話，是為了減輕與死者分離的內疚感。我也很好奇，我們是不是會將自己的痛苦編織成神話，賦予神聖的光環。也許這樣做，就能更了解自己，但也許我們這樣做，是要在我們自己與現實之間，築起一道透明層，就像海報作品的保護膜，好讓自己更能接受。海裡的傷心海豚。無路可走的俄羅斯社交名媛臥軌自盡。《哈姆雷特》中娟秀的歐菲莉亞的遺體，與罌粟花一同散落在霍格斯米爾河的河面。全都是物化，將傷痛與掙扎編織成淒美。

第5章

死亡是最恆久的愛

我先生去世幾個月後，他的一位老朋友從聖地牙哥的家中寫電子郵件給我，附上他們在亡靈節布置的祭壇照片。她家的廚房桌上，擺著五顏六色的紙雕骷髏頭，還有鮮豔的金盞花作為點綴。一盤水果擺在中間，兩側是糕點與幾瓶酒。四散的蠟燭後方，是一排加了框的親人照片，交織成一道追思的拱。上方的壁爐台上，是我先生的照片，背靠著一本舊的《新音樂快遞》。放置的位置也別具溫情，一側是聖母小瓷像，另一側則是身穿一九五〇年代裝束的女性的黑白照，大概是一位祖母。

她寫道：「在我們的傳統，逝去的親朋好友，會在十一月一日回來，十一月二日再離去。我們奉上他們最喜歡的飲食，他們當天晚上就能與我們歡聚。我只是想寄張照片給妳，希望他也能來，跟我們一起開個小派對。」

我是在二〇一一年首度造訪墨西哥時，第一次接觸到亡靈節的概念，亡靈節的西班牙語叫做 Día de Muertos。我做了大多數一無所知的觀光客會做的事。我在當地的藝品市集買了幾件錫製裝飾品，一件鮮豔的粉紅色與藍綠色的瓜達露佩聖母（Lady of Guadalupe），以及一件血紅色與藍色的骷髏骨架飾牌。買是買了，卻渾然不知這些東西複雜的文化象徵意義。我是受到鮮豔的色彩，以及閃閃發光，散發歡樂氣息的金屬吸引，覺得擺在臥室牆上應該挺好看的。直到我站在畫家迪亞哥．里維拉（Diego Rivera）一九四七年的壁畫作品《周日下午在阿拉米達公園之夢》前面，才漸漸明白箇中含意。那是個溼熱的早晨，我在墨西哥市，站在巨幅全景畫前面，拿著摺起來的博物館傳單搧風。有位先生找我攀談，想為我導覽這幅作品。我覺得很像一卷超大的電報紙條，不斷吐出歡樂的宴會賓客。至少這是這面長五十一英尺，寬十五英尺的牆面給我的感覺。

我錯得離譜。里維拉的超現實創作，其實就像不規則延展的織錦，呈現墨西哥的歷史，從阿茲特克帝國（Aztec Empire）滅亡，到二十世紀初期血腥暴力的墨西哥革命。這位先生對我說，壁畫裡的氣球、羽毛以及旗幟，是以戲謔的手法，象徵墨西哥失去的廣大領土，包括現在的加州、內華達州、猶他州、大半個亞利桑納州、半個新墨西哥州、四分之一個科羅拉多州，以及一大塊懷俄明州。在壁畫裡，年幼的里維拉穿著短褲，戴著硬草帽。與他手牽手的，是一具高大的骷髏骨架，穿著蛇形羽毛圍巾，戴著精巧的愛德華時代的帽子。導覽先生對我說，她的名字是卡翠娜骷髏頭（La Calavera Catrina），在墨西哥是死亡的象徵。里維拉從墨西哥政治版畫家荷西．瓜達盧佩．波沙達（José Guadalupe Posada）一九〇〇年代初期的鋅蝕刻作品得到靈感，將卡翠娜骷髏頭化作永恆。波沙達的原版卡翠娜有個綽號叫「賣鷹嘴豆的」。這個綽號諷刺的對象，是身穿歐風服飾，否定自己的文化遺產的墨西哥原住民，至少波沙達是這麼想的。

里維拉選用形象突出的卡翠娜，改造成代表死亡的偶像，如今成為墨西哥家喻戶曉的象徵。她嘲諷的是無人能免的死亡，以及生命的短暫。牙關緊閉的微笑，是在嘲笑死亡。五顏六色的服裝，挑逗著死亡那無法抵擋的吸力，畢竟誰都無法逃過死亡的牽引。她熱情擁抱來生，一如她的阿茲特克先人。那些阿茲特克先人敬拜亡靈世界的女王、死亡女神米克特卡西瓦特爾（Mictēcacihuātl）。米克特卡西瓦特爾守護著凡人子民的骨頭，張開嘴巴吞下星星。

卡翠娜與我同名，但我覺得我跟她一樣感性。我先生喪禮的那天早上，我塗上深紅色口紅，穿上寶石紅靴子，下意識選擇不符合我的新身分的衣著。他們說，**是的，我選擇當三十歲的新娘，但我沒想當現在這位三十五歲的寡婦**。

幾個星期之後，我在他最喜歡的一家位於中倫敦的酒吧舉辦守靈。親朋好友低聲說些貼心話，醉醺醺的我則是聽著安迪播放的史塔克斯經典（Stax classics）專輯以及 freakbeat 熱門金曲，在舞池搖晃。那些喪禮儀式只是讓我心痛，我不想配合。並不是誰在那天下午說了些惹毛我的話。大家反而能體諒我情緒多變，不想合群。大家似乎都認為，我做的就是我需要做的，無論我做的是什麼。我永遠感謝那天在貝西托伍德（Betsey Trotwood）酒吧，陪我一起守靈的一百多位親友。感謝他們任由我自顧自在舞池忙碌，沒有阻止我在心神恍惚之下狂歡，也沒斥責我失態。

話雖如此，那天我的舉止確實有些反抗的意味，是抵制那些限制哀悼的女人該有怎樣的舉止，甚至該如何穿著打扮的規矩，也就是我眼中的刻板印象。想想身穿肅穆黑袍的維多利亞女王，那樣的形象已化作永恆。幾百年後，我們談起死亡、悲慟、守寡，還是會提及她的形象。自從王夫亞伯特親王（Prince Albert）於一八六一年逝世，女王就陷入憂鬱的深淵，再也沒能恢復，就此開創了一種「悲慟崇拜」。著有《死亡：從塵埃到命運》（*Death: From Dust to Destiny*）的理察．布萊恩特（Richard Brilliant）稱之為「積極哀悼」。

女王一生最後的四十年，為了哀悼亡夫，一直身穿黑衣，不出席公共場合，以吃東西尋求慰藉，終至體重過重。她深陷在永久的哀悼與自責，贏得「溫莎寡婦」的綽號。我看著她疲憊的身軀，想起我在喪夫之痛之中度過的某年冬季，在衛爾康圖書館讀到的古老的守寡儀式。一幅十八世紀的畫作，描繪南亞的娑提（sati）古老習俗。在亡夫的火葬儀式上，投向燃燒的火葬柴堆殉葬的妻子，就是「好妻子」。這種駭人聽聞的喪葬習俗，後來在印度遭禁。

我覺得我並不是時時刻刻都刻意反抗，但我確實很清楚，哪些傳統習俗是我難以認同的。在那個平日的早晨，我前往市區，親手挑了一雙細高跟紅靴，準備在我先生的喪禮上穿。如果那時候你問我，為何要挑這雙靴子，我想我一定會聳聳肩，直接說，**有什麼問題嗎**？現在回想起來，才知道我當時的選擇還有深層意義。我其實是想向世界傳遞一個明確的訊息，想告訴世人，我的際遇並不能代表我這個人。一開始時，我的選項確實有限，但我還是把握住僅有的少數選項。

撇開喪禮穿著不談，我是結束墨西哥朝聖之旅，回來以後，才真正開始與我的新身分搏鬥。我讀到一名叫做洛雷塔・德・布拉斯（Loretta de Braose）的寡婦的故事。她的先生於十三世紀初去世，從此她告別熟悉的一切，在坎特伯里（Canterbury）一間教會的單人小室隱居。她自願當個活死人，直到四十五年後與世長辭。我也思考過我在一九九〇年代成長期間，從電視螢幕被動吸收的那些帶有性別歧視的刻板印象。無聲的蘇格蘭美麗遺孀，泛著淚光，身披黑斗蓬，靜靜帶領我們走出迷宮。寡婦有一種神祕感。她默默吸引我們凝視的目光。回想一下一九六三年，戴著黑色頭紗，站在美國國會大廈階梯上的賈桂琳・甘迺迪（Jackie Kennedy）。那沉默的形象，是我們心中難以企及的理想，端莊持重的哀悼遺孀。

寡婦的字源，同樣讓我忿忿難平。希伯來文的寡婦是「almanah」，字根是「alem」，意思是**無法言語**。這個單字的印歐語系源頭，意思是**成為空的**。但我低頭看著我的訂婚戒指與結婚戒指，我從墨西哥市回來之後，從左手改戴到右手的兩件紀念品，我覺得我既不空洞，亦非無言，而是滿心想著要動起來，充滿活力。每當有人問起，我總是直言說出心中的痛苦。我並不想掩飾發生在我身上的事情，也不明白我為何必須接受一個我不想扮演的角色。我很憤怒，也覺得被拋棄。更糟的是，我還不能將這些痛苦的感覺，扔給拋下我的那個人。相信我，我試過。我曾在不適當的時機，跟我先生爭執，通常是不順心的時候，例如外套被門卡住的時候，或是早上的咖啡灑出來。天知道，說不定賈桂琳·甘迺迪也會這樣。

悲慟的迷思放在男女身上不一樣。沒有一個女人希望被當成歇斯底里的瘋婦，尤其是在成為寡婦之後。還有其他的形容詞，**過於情緒化**、**不理性**、**失控**。也許有人認為，陰鬱的女王以及自我監禁的女隱士，是遠古時代才有的事情，但就連我也懷疑自己能忍受的極限，尤其是我先生去世一陣子之後，別人開始問起

「**妳還會常常想起他嗎**？」，或是對我說些鼓勵的話語，例如「**妳這樣很好，最難熬的階段已經過去了**」。他們是好意，但這些話總讓我覺得，我應該掩飾內心的糾結。問題是我不想，而且最難捱的也還沒過去，是還沒開始，是已經圍繞著我，像遼闊的海洋，嘩嘩敲打我這艘潛艇脆弱的船身。

有時我控制不了自己的情緒，我先生走了五個月，我的情緒還是經常失控。我發現別人受不了我一點就著的脾氣，受不了我宣洩內心的暴風雨，卻比較能容忍我的悲傷。情緒化的女人讓人不自在。以歌手寇特妮·洛芙（Courtney Love）為例。我想不出比她更好的例子，能證明一個女人若是不願隱藏自己的瘡疤，就會被別人解讀為心懷悲慟。我最近看了一段手提式攝影機拍攝的，畫質沙沙的影片，是一九九四年她在雷丁音樂節（Reading Festival）登台。很多人到現在還說，她那天的模樣簡直崩壞。很多人看了她的表演，都不免要說一句，那是科特·柯本（Kurt Cobain）去世四個月之後的事，彷彿說出這個時間點，就不必再多作評論。洛芙跟我一樣，在三十出頭的年紀就成了寡婦。她穿著金色緞子斜裁連衣裙登場，那衣裳看似發黃的結婚禮服，開叉一路開到大腿，釋放內心的小惡魔。

她拖腔拖調地說：「是啊，我好勇敢哪。我們就假裝沒那回事好了。」說完就開始她的組曲。

有人評論這場表演「恐怖」、「嚇人」，也有人說「低俗」、「唐突」。我卻覺得很英勇。我看到的並不是一個明明應該隱藏起來，卻選擇拋頭露面丟人現眼的寡婦，而是一個心懷創傷，也勇於向世人展示的坦率女子。

我沒有真正的舞台，周遭卻有不少平台。我所哀悼的，並不只是二〇一八年八月二十四日凌晨的那起死亡。我哀悼的也是那些年，我們不斷與病痛周旋，對方卻無情進逼。我哀悼的是那幾個月，親眼看著他四肢越來越衰弱，雙手咔咔顫抖，天縱英明的腦袋也土崩瓦解。我不只是對死亡本身生氣，也是對我親眼目睹的死亡過程生氣。看著一個人一點一滴漸漸流逝，看著他心臟不再跳動之後，肉體仍在持續衰頹。細胞膜崩解，接著是組織、血細胞，以及衰敗的血管，全都消散成氣體、液體、鹽分。

那樣的憤怒該如何安放？憤怒並不是一種能操作、能拿捏的物體，而是像水銀一樣四處流竄。憤怒是一種滑溜多變的情緒，將你的身體液化，變成顫抖的支流，會跳動，會流動。有時候憤怒似乎會滲透我的神經與毛細血管，最終在我的皮膚表面流淌，在我的雙肩與雙臂爬行。某個平日早晨，我與母親在市中心見面。她想擁抱我，我卻猛地後退，手往前推，彷彿她碰到我，就會沉入我體內，會跳入我的痛苦，而我不想跟別人分享這種流動的感覺。

我常常為了保護我先生而費盡心力，尤其是在他的生命的最後幾週，希望他能在腦腫瘤的無情砍殺之下，死前盡量少受罪。在最後的一個禮拜，我推著他到安寧照護機構的健身房，站在門口看著他用鍛鍊手臂的自行車，想鍛鍊二頭肌。只是他的手臂再也動不了，只能做出微小到幾乎看不見的拉扯，但他還是一再重複，一次一次又一次。

西西里·桑德斯女爵士（Dame Cicely Saunders）於倫敦東南區創立世上第一間現代安寧照護機構。她的創立宗旨是「你很重要，因為你是你。一直到生命的終點，你一直很重要。我們將竭盡所能，不僅幫助你平靜走完人生旅程，也要讓你在告別人世之前的每一刻，都好好活著」。我先生和我抵達聖克里斯多福安寧機構（Christopher's Hospice）之後，我把房間的窗簾拉開，欣賞水晶宮公園（Crystal Palace Park）的美景。我們倆身心俱疲，也很感恩，總算找到了一個安靜隱密的地方。

在我先生住進安寧照護機構之前，我對於安寧照護所知甚少。天底下有幾個人敢說自己了解？我們會恐懼看不見的東西。很多人都說，安寧照護是看不見的工作。安寧照護是在社會沒人看見的角落進行，與平凡的日常生活無涉，從大眾的視野抽離，大家眼不見，心也就不煩。我記得我曾到一間以病患與流離失所之人的主保聖人聖拉斐爾（Saint Raphael）命名的安寧照護機構，探望我的祖母。當時九歲的我懵懵懂懂的。我的祖母也一樣。我晃進安寧病房，她一看到我，就喊著要我出去。她氣的不是我，而是疾病本身，氣的是疾病惡化如此之快，力量如此強大，也氣自己毫無招架之力。

二十六年後，我也感受到同樣的憤怒，但我刻意壓抑吞忍。我先生去世之後的整整一年，我把某些事情藏在心裡，不敢大聲說出來，唯恐被人誤會。他的死亡，我的悲慟。他最後對我說的一句話，他自己費了好大的力氣才做到，我簡直心如刀割。他輕聲對我說：**「這沒什麼大不了的。」**很直白的幾個字，不僅蘊含我們每個人對生命的期待，也代表我們對死亡所投注的希望。我們都希望那一刻能有意義。我沒有勇氣告訴別人真相，沒有勇氣回憶他緊握拳頭敲打床墊，因為他頭痛欲裂，嗎啡全然無效。我沒有勇氣承認，再怎麼希望，再怎麼期待，有時只消一個頭痛，就能把我們擊潰。

墨西哥有句俗話：「在這個痛苦的世界，誰也逃不出死亡的手掌心。」我覺得這句格言聽起來可怕，卻不知怎的也很療癒。俗話說得好，惺惺相惜。我為人很直爽，有時難免因太過直率而吃虧，所以得知有一整國的人跟我一樣豪放，也挺欣慰的。墨西哥人面對死亡與失落的態度，帶有一種狂放不羈，與我相當契合。在我的內心世界感覺難以控制，沒有理性可言之際，幸好有墨西哥人的哲學相伴。如果他們可以將這裡的活人，以及那裡的死者之間的第四道牆打破，我又怎會做不到？

正如卡邁克（Carmichael）與塞爾（Sayer）在他們的研究著作 *The Skeleton at the Feast: The Day of the Dead in Mexico* 寫道：

「紐約、巴黎以及倫敦的居民，從來不會說出『死』這個字，唯恐這個字會燙嘴。但墨西哥人卻常將死亡放在嘴邊，還會嘲笑死亡、愛撫死亡，與死亡共枕，款待死亡。死亡是墨西哥人最喜歡的玩物，**最恆久的愛**。」

我常常暗中與我死去的先生說笑，如果你也會這樣，你就會開始尋找其他的敘事，尤其是如果你哀悼的環境，是一提到死亡，大家通常會把頭轉向一邊，不太自在地停頓一下。有一天晚上，在一場招待客人住宿的家庭派對中，我遇到一位老朋友。我幾杯薄賽珂下肚，對她說了些當上寡婦的感言，穿插了一堆簡潔有力的俏皮話。她聽完之後，頭歪向一邊，撫摸我的頭髮，像個憂心忡忡的母親。她這種舉動是自然反應，雖說是一片好意，卻還是惹怒了我。

我說的那些諷刺俏皮話，很像我為了他的喪禮所買的那雙紅靴，是我奪回自己，主張自己的一種方式，但也是挑戰其他人的傳統主義。我找到機會就端出即興的幽默演出，尤其是在聊天主題滑向同情的時候，不過也不是每次都這樣。有時我這樣做，是想將自己拖出深淵。有一次我在 WhatsApp 與兩位密友聊天，我用了#她的眼裡有悲傷的主題標籤，讓其中一位心生內疚，提早離開她在公司的喝酒聚會，到酒館與我們見面。

小小的俏皮話，讓我奪回一些控制，不僅是控制我的喪慟，也控制其他人對於我的喪慟的反應。就像那天晚上，我身穿新買的豹紋洋裝，開叉到大腿，腰身也改窄。我面無表情對著朋友們說：「我在模仿拉寇兒·薇芝（Raquel Welch）。」但我心裡很清楚，這是個虛張聲勢的謊言，因為要想模仿拉寇兒·薇芝的精髓，將豹紋造型穿出韻味，我必須感覺到生活之樂。在現實中，我身上穿的豹紋衣，其實只是我重塑形象的另一件道具，就像我為了參加與同事的週五雞尾酒之夜，搶購的絲絨迷你裝。我站在人滿為患的酒吧，裝裝樣子。我笑著，聊著，豪飲尼格羅尼雞尾酒（negronis），卻是心不在焉，因為四面牆壁不可能限制住當時的我。有時我自己都無法控制住自己。

那天晚上，我去付自己的雞尾酒帳單，與酒保偶然打情罵俏了幾句。他輕撫我的肩膀，我猛地拍掉他的手，流著淚奪門而出。我希望有人看見我，我希望消失，無論在什麼時候，我都不確定此時的我想當哪一個版本。

我覺得每個人都能看見我內心的悲傷。一個平日早晨，我站在柯芬園

（Covent Garden）一家 Lee 牛仔褲門市的更衣室，緊張兮兮抓著我的腰帶，一位咕咕呱呱的店員靠在鏡子上。我在不知不覺中，兩度說鏡中的我自己「好笑」，他聽了好奇，想知道我何出此言。他打趣著說道：「妳的模樣有什麼好笑的？」這話對他來說隨便說說，對我來說卻是個生存問題，而且我根本無法回答。我連我幹嘛要走進這家門市都不知道。但就在這短暫的，不甚重要的一刻，我想淨化自己。把一切都告訴這位陌生人，毫無保留。大嚷大叫，胡言亂語。脫口說出，我看著鏡子，映入眼簾的只有凹凸不平的身材、粗陋的線條，還有咬緊的牙齒、三角形的眼淚，以及大小不一的眼睛。一個古怪的抽象作品，我得把它當成有一千片的拼圖，重新拼好。

有時候，我刻意不看自己的倒影，有時候我則是正面對決。我站在浴室，望著外祖母的橢圓形鏡子。那是我繼承的鏡子，曾經掛在外祖母的臥室牆上，是她的母親送給她的十六歲成年禮物，跟著她一路從普利茅斯（Plymouth）到格但斯克，再到倫敦。我看著鏡子，對於外祖母的回憶襲上心頭。

我記得小時候，盯著外祖母的雙手看，覺得她的指關節的皮膚皺褶好奇妙，是活過一輩子的地質印記。那些皺褶裡面有智慧，述說一個故事。那我的故事又是什麼？我才三十五歲，臉上也出現同樣的皺紋，只是不知道意義是什麼。我對於兩眼下方的黑影，還有髮中的幾縷銀絲毫無尊敬。黑眼圈、白頭髮，並不是活過一輩子的榮耀印記，而是一條性命流失的痕跡。每天早上我塗上遮蓋皺紋的「瞬間煥采」遮瑕膏，感覺皺紋都在挑釁我。承認這些歲月的痕跡，是我奪回自己的第一步。至於第二步，則是要稍微離家遠一些。

這聽起來可能有點膚淺，但我的療癒之路，是從大眾品牌的試衣間開始。牛仔迷你裙、緊身的裹身式連衣裙、鱷魚紋短靴、喇叭袖露臍上衣，我都一一試穿。我硬把自己擠進喇叭連身衣褲，也鑽進皮草裝飾的晨袍。什麼都有可能，我什麼都願意試試。與其說我在買東西，還不如說我在一個沒人知道我是誰的地方，玩出各種不同的鏡中倒影。喬伊斯．卡羅爾．歐茨曾將哀悼的寡婦，比喻成膨脹的氣球。她寫道：「那個受傷的人，那個寡婦，已經脫離自己的肉體。她必須非常努力，才能召回失落的『自我』，就像吹起很大的氣球。每天早上不得不吹起真人大小的大型氣球，這個氣球就是妳自己。」這種暫時的應付機制有個問題，就是要吹很多口氣，而且你不知道最後究竟會吹成什麼樣子。

我姐姐跟我還是孩子的時候，有位氣球藝術家在生日宴會上走過來，問我們想要什麼造型的氣球。我姐姐平靜地說，想要一隻鯊魚。

他說：「我不會做。」

我姐回答：「你不是說什麼都能做嗎？」

那天我在大眾品牌的門市拿起一件流蘇迷你裝，穿在身上，在全身穿衣鏡前面，想起這段對話。我是不是漸漸變成一種哀悼鯊魚？我是不是在把我自己，膨脹成一個不可能創造出來的東西？我根本無從得知，但這樣做總比另一條路理想。總好過站在我的臥室，凝視著他的衣櫥，翻看他的燈芯絨外套與 **Fred Perry** 馬球衫，吸入他的香氣。

我也不是沒試過。我也曾把他這輩子累積的上衣與領帶打包起來，但這樣做感覺很不對。致意的訊息湧入，大家都提到他向來整齊的常春藤著裝風格，因為他的穿著打扮向來無懈可擊。想像一下《第凡內早餐》（*Breakfast at Tiffany's*）的喬治．比柏（**George Peppard**）打上細細的領帶與別針，或是下班時間的約翰·甘迺迪（John F. Kennedy）身穿錐形斜紋棉布褲，白色運動鞋。我怎麼能把每一個細心整理的衣物從衣架拿下來，扔進購物袋？然後要怎樣？把東西送到我家附近的慈善商店，看著他們把每一件東西標價，等著別人去活化那些沒有生命的袖子，鬆軟的褲管，彷彿在製作某種詭異的動物標本？

我心想，不該這樣。與其挖墳掘墓，還不如維護墳墓。

至於我自己的衣櫥，那可完全是另外一回事。我需要驅除過去，所用的方法就是汰除我的衣服。我把我的洋裝與裙子翻了一遍，在我的臥室中央堆起舊衣堆，一個由棉布與聚酯纖維組成的火葬柴堆，一見到就勾起我拚命想忘掉的傷心往事。我低頭看著地板，發現每一件衣服，都是在他與我相聚時光的最後幾年買的。那幾年我們一同承受接踵而至的創傷。痙攣發作、化學治療、記憶喪失，意料之外的懷孕，以及後來漫長的流產。失去的東西。懷抱希望的賭博。稍縱即逝的機會。

大腦腫瘤最讓人受不了的症狀，是癲癇，因為我們不會知道何時會痙攣、爆發，彷彿會噴發的間歇泉。若你從未親眼目睹大發作型癲癇，那我真的羨慕你。

那不僅看起來悲慘，想起來也可怕。我還記得那天在超級市場結帳櫃臺，我的肩膀被他的手緊緊抓住的感覺。那熟悉的蒼白臉色，告訴我慘劇即將在三十秒後登場。接下來上演的，是我所謂的**盯著飛行的鳥兒**，他的眼睛從左下到右上翻了半圈，雙腿癱倒在地，身體像一袋沉重的馬鈴薯墜地。我幾乎羞於承認下一段，因為那是一種相當原始，相當自私的情緒，一種急切的恐慌與放棄的感覺。

前一分鐘他還在幫我把要買的東西放在輸送帶上，下一分鐘他卻倒在地上不省人事，我得自己看著辦，他的安全繫於我一身。唯一的問題是，每次發作的情況差異很大。這一次格外慘烈，因為他抽搐特別嚴重，牙關緊到簡直無法呼吸。我在心中對他說，**別死在超級市場的走道上。別死在這裡，你值得更好的死所**。三分鐘感覺像三十個小時那麼久。他突然動了一下，重返人間。

某天晚上，在英國電影協會（British Film Institute）的熱鬧酒吧，他猛地起身，撞上玻璃窗。另一天晚上，他從我們家客廳地板起身，想不起來我是誰，也想不起來我們現在何地。我要他別動，他卻朝我衝過來，把我按在牆上，拿起三英尺長的木頭門檔，把我趕出家門。癲癇發作、記憶喪失、最基本的東西都認不出，我們很少談到這些。他要拿起超級市場地上的皮夾，我還得向他解釋皮夾是什麼。那個星期五晚上，他踉蹌著朝我衝過來，是真心相信我是擅闖他家的陌生人。他的反應就是一個人生命受到威脅，嚇壞了的反應。我豈能老是提起這件會讓他羞愧難當，痛苦無比的事情？我們都受創，只是受到的創傷不一樣。你學會適應，你學會遺忘，你努力因應。我學會在必要的時候蹲伏在地，讓我自己顯得渺小，等到他的神智終於回歸，我再向他自我介紹，就像幼兒園老師對著一個焦躁的孩子說話。

「別怕，我叫凱特，我是來幫你的。」

他說：「凱特？這個名字聽起來好熟悉啊。我知道妳是來幫我的，真的很感謝妳。」

他是我所認識最溫柔的人。在那些絕望的時刻，這股溫柔就像嶄新的船帆，從他的心中展開。

即使是現在，有時候感官突然受到刺激，仍會引發某些反應，例如腎上腺素突然飆升，然後又恢復平靜。那天我走進廚房，看見地上閃出斑斑點點的藍光，是外面的卡車從我們家窗戶投射進來的。我頓時回到二〇一五年，我等待救護車的急救人員按我家門鈴的時候。遇到這種時刻，我們被自己的身體如此戲弄，就很難信任自己的身體。你會懷疑自己，會覺得自己看見的，是不是反映在自己身上。

我在一月中旬從墨西哥歸來，開始從其他人的身體疏離尋找共鳴。我讀到作家希拉蕊・曼特爾（Hilary Mantel）在二十出頭的年紀，飽受慢性子宮內膜異位折磨。她在她的回憶錄 *Giving Up the Ghost* 寫道，疾病、創傷、荷爾蒙失調，會把我們變成自己都不認識的陌生人。這位兩度贏得布克獎（Booker）的作家，最後不得不在二十七歲那年切除子宮。從此她必須一個句子一個句子，一點一滴煞費苦心重新想像、重新建構她的自我。她想道：「也有人跟我一樣，人格被連根拔起。你必須在社會期待的迷宮之中，在記憶的叢林之中，找到你自己：還有哪些部分的你是完整的？」

作家艾瑞兒・列維（Ariel Levy）自稱是失蹤人口。失落的東西可以替換，但你想像的人生在你眼前流失，你能怎麼辦？二〇一二年，她飛到蒙古，報導當地繁榮的礦業，也探討礦業繁榮對於女性的意義。當時她三十八歲，懷孕五個月，想把握時間展開最後一次冒險，畢竟接下來就要邁入幾年動彈不得的育兒期。她在出任務的第一天，在旅館床上醒來，感覺肚子痛痛的。幾小時之後，她在浴室地上失去了尚未出世的兒子。

她在她的回憶錄 *The Rules Do Not Apply* 寫道：「所謂喪慟，就是你沒有皮膚，沒有保護層，赤裸裸走過的世界。在街上，或是在電梯裡，一個人對我說話不客氣，甚至是急促了一些，我都覺得自己漸漸崩潰，離家之前披上的正常的外衣，也逐漸瓦解。」

一開始感覺很奇怪，我看了一位女性述說的產後喪慟，竟能有如此強烈的共鳴。但久而久之，我開始覺得合理。我們製造看不見的界線，將各種失落劃分為我們認為合理的類型，但**失落的經驗本身就毫無邏輯可言**。我的某些最深刻的對話，是與一位最好的朋友的交流。她曾幾度想要自殺，但她在人生的谷底，卻能掌握光明在何方，還能走向光明。她懂我的語言，我也懂得她的。喪慟並不是靜態的，也沒有邊界。我們並不是只會為看得見的一切哀悼。我讀到不知所措的列維在購物中心閒逛，挺著沒有孩子的肚子，想找件合身的衣服，我頓時想起那個星期五晚上，我在 Topshop 的亮片與迷你裙之間晃蕩。這勾起了我的傷心事。你感覺自己像個困在自己體內的陌生人，再也不認得自己的身形，又豈能找到合適的衣裳？

說到這裡，在這種狀態之下，又怎會有餵飽自己的慾望？你失去了對生命的慾望，也就失去了食慾，身體也會受影響。我的身體時好時壞，他死後那幾個月，我的身體惡化到身邊的人都開始擔心的地步。我應朋友要求，勉強喝下冰沙，朋友常問我：「妳是不是吃太少啦？」更多朋友親自送來裝在 Tupperware 容器，他們親手做的菜餚，放在我家門口。我全都堆放在冰箱深處，連同他遺留下來的四罐裝健力士啤酒一起。我都不知道哪一種比較悲哀。我剪開從冷藏庫取出的幾包番茄肉醬，盡我所能努力配合，吃下幾大口，只要能讓我有力氣站直就好，不會多吃，也不會少吃。我的雙頰凹陷，牛仔褲變得鬆鬆垮垮。越來越多朋友出言慰問。

安迪對我說：「吃完這一口，我們就去演奏會。」他在中倫敦的一家墨西哥餐廳，遞出一小口米飯與手撕豬肉。

這類的對話經常發生。外界想知道我的現況，只能從我的外表判斷，於是我的身體成為公開談論的話題。我的體重變成焦點，變成別人維護的對象。他們會有這種反應完全正常，我想在這種情況，這種反應也相當常見。但等到我恢復從前的身形，別人又要如何參透我的現況？那時又該怎麼辦？

我的身體與我的大腦不一致，我在人前人後不一致。我從一個跳到另一個，每天呈現的面貌都不一樣。但在另一方面，我需要有人看見，有人接收我的喪慟。我渴求其他人關懷。我要有人注意到我。但我又常常隱藏這種心情，因為唯有如此，我才能開始重塑自己。

二月與三月是棘手的月分，原因有很多。我的食慾開始回歸，不僅是對食物，也是對我仍然無法想像的人生有了慾望，這聽起來像是好事，但其實這時才開始覺得灰心，一切也變得很混亂。我在酒館對著兩個朋友脫口而出：「車鑰匙插上了，引擎也在轉動，但車子就是走不了。車子到底什麼時候才會動？」他們兩位都沒有答案，這也是個問題，因為我急著想知道答案。要控制自己，要傾盡全力，要堅守陣地，這些話我都聽膩了。這些年來我一直屏住呼吸。我們的生活很充實，在很多方面都克服了重重困難，始終不讓疾病主宰我們的人生，不讓疾病成為我們的全部。

沒有危機需要處理，我感覺漫無目標，很不習慣。這個時候，我最不想從朋友口中聽到的話，就是**妳現在想做什麼都可以去做**。對於一個長年來一直生活在什麼可以做，什麼不能做的侷限之中，已經習慣成自然的人來說，「想做什麼都可以去做」是一件何其可怕的事情。更糟的是，我已經熟悉了這種暫時的，有條件的生活，我已經適應了。叫我想做什麼就做什麼，等於是把我轉個幾圈，拿掉眼罩，再把我推到尖峰時間，車水馬龍的高速公路上。

有人跟我說，我可以隨心所欲，但我連丟掉一雙拖鞋都做不到。要怎麼開始隨心所欲？要從哪裡開始？我需要指引，但我在此時此刻，在活人之中找不到指引。也許正因如此，我才會到我媽的家，問起故去的外祖母的事情。我收拾我先生的外套與牛仔褲，逐漸憶起小時候聽過的一則故事。而且這個故事似乎與我自己的故事有關，只是我當時完全想像不到為何有關。

第6章

時間成了液體

我對於亞當·匹拉茲（Adam Pilarz）所知不多，但該知道的我都知道。我知道他是波蘭海軍中尉。我知道他在二次世界大戰期間，駐守在波蘭海軍M級驅逐艦颶風號（ORP Orkan）。我知道他是我外祖母的第一個愛人，也是最深愛的人。我還知道，他在海裡淹死的那天晚上，我的外祖母夢見他在水裡。

我母親的家族，好幾代人都會從夢境看見未來。我母親說，我出生前一個禮拜，她就在夢裡見到我。她夢見綠色的斜坡、白色的房子，還有一個小女孩，頂著一頭亂蓬蓬的深色頭髮。小女孩低著頭，雙臂舉高，彷彿在祈禱。她不知道小女孩在祈求什麼。剛開始分娩的那幾個小時，我爸開車送我媽到倫敦南區的產科病房。他們繞過停車場，我媽看見黎明的微光下，長滿草的圓丘的一片綠意，感覺似曾相識。聖赫利爾醫院（St Helier Hospital）粉白色俄羅斯方塊造型的外觀，看在我媽眼裡，就像曾在她的夢境中出現的大都市天際線。她陣痛發作的頻率越來越密集，我爸笨手笨腳弄車鑰匙，她心想，**啊，原來我夢到的是現在**。

我與我媽還有我外祖母不同，我不相信夢境能預知未來，但我偶爾也希望能夢到未來，盼望著能有一雙千里眼，能填補兩個世界，兩道門之間的空白。我們與他們。過去與現在。這裡的活人，以及某個地方的死者。我的外祖母的超感知覺，也許只是家族的傳說，但就像那些我從孩提時期一直看到成年的經典故事，仍然能讓務實的我，點燃想像力的火花。

三月初黃水仙發芽的時節，我又開始敲著背板。一場臨時起意的春季大掃除，汰除了我先生放在家裡客廳架子頂層的一小部分藏書。我站在廚房板凳上搖搖晃晃，伸手拿滿是灰塵的幾本書，是我們剛開始一起生活的時候，累積的一些藏書（安潔拉．卡特、托馬斯．品欽、威廉．福克納，還有許多作家的作品）。我們一直沒時間將這些書整理、汰除。他問，怎麼不淘汰妳的？我回答，那怎麼不淘汰你的？於是不斷堆積。我把我收藏的那幾本破破爛爛的經典作品，例如《達洛維夫人》（*Mrs Dalloway*）以及《聲音與憤怒》（*The Sound and the Fury*），堆在他收藏的書上面。我知道我永遠不會打開他那幾本：一九三〇年代的犯罪小說、倫敦圖畫書，還有一本咖啡桌大小的精裝書《毀滅者的性犯罪》（*Sex Crimes of the Futcher*）。

這樣汰除舊物，心裡總是難受，內疚感不會隨著時間減輕，但我對自己說，把這些平裝書送到本地的慈善商店，等於賦予它們新生命。也許往後會有新主人閱讀它們，像前一位主人一樣珍惜。

我站在一堆堆要送出的小說與傳記當中，手指撫摸著書架，抽出一本泛黃的精裝本，是曼羅．里夫（Munro Leaf）的《愛花的牛》（*The Story of Ferdinand*），故事的主角是一頭寂寞的公牛，不願在鬥牛場出戰，寧願坐在栓皮櫟下聞花香。我的外祖母常在睡前唸這本書給我聽，不只是唸出每個字，簡直就是靈魂附著在文字之上，把每個字從書頁摘下，賦予每個母音生命，彷彿這些文字是為我們而寫，只為我們而寫。

若說我外祖母這人有什麼長處，就是很有說故事的天分。說故事是整個家族的看家本領。艾琳（小名「露露」）．瑪森（Eileen Marson）於一九一七年十一月二十七日，出生於英格蘭西北部的鄉村郡坎布里亞（Cumbria）的一處農舍。深深的山谷、起伏的丘陵，以及狂放不羈的浪漫主義，是坎布里亞引以為傲的優勢。這裡是形而上作夢者的青翠國度，滋養了華茲渥斯（Wordsworth）、柯立芝，以及我的外曾祖母愛麗絲．茉德（Alice Maude）這幾位形而上作夢者。外曾祖母重愛情不重形式，以一個沒有婚姻的自由身，生下我的外祖母。露露想必承襲了母親的任性，緊緊抓住她所愛的人與故事。

在我還是個幼兒的一九八〇年代，家裡人常打趣說，我的外祖母的本事是囤東西，還有說故事。直到現在，我看見瓊．蒂蒂安說過的非常貼切的一句話，才漸漸了解外祖母囤積東西、編織故事的緣由。一輩子的囤積或許可用一句話總結：**「無論怎麼做，都不可能真正找回失去的一切。」**

我將《愛花的牛》放回書架，望著擺著小擺設與舊照片的壁爐架。有一張外祖母的照片是我最喜歡的，就在我先生和我在巴黎地鐵車廂的自畫像旁邊。年輕的她光亮的雙頰面向太陽，雙眼閉上，嘴角拉開，雙唇微張。那是一抹豪放不羈的微笑，一如我所記得的外祖母。她的頭髮直直散落在背後，與模糊的背景合而為一。若是斜著眼睛看，找到合適的角度，就會發現那是斑駁的木材。至於拍攝的地點，我永遠也無從得知。只有愛人才能拍出如此親密的照片。我小時候偶爾聽見別人提起那個男人的名字，但未曾見過一面。

一九九〇年代中期的某個下午，當時我的外祖母已經離世數年，我盤著腿坐在母親的床上，看著她打開小小的飾品盒，裡面有一枚海軍徽章，是人生的一個碎片，只說了一半的愛情、創傷與失落的故事。從客觀的角度看，還真是莫名其妙，一個生命驟然消逝，你只剩下零星的紀念品。

我把我先生的書整理好，幾天後，我請母親將亞當・匹拉茲的東西收攏在一處。我在這個由東西組成的奇異世界，想尋找一種家人之間的關係。一個寒冷的週六早晨，我搭火車前往我爸媽家，帶著筆記本、一枝筆、一台口述錄音機，因為這一次我想把一切記錄下來，不想再錯過任何細節。我媽匆匆翻閱著外祖母的相簿，指著一張張的照片，說道：「這個是他，這個是他，這個是他。」我媽面前的廚房桌上，擺著海軍紀念品，還有其他零碎的東西。兩個金色條紋的軍服袖口、黑色與黃銅色相間的肩章、一條海軍飾帶，上面有凸印的金色字母，還有一張長方形的紙條，上面有匆匆寫下的藍色字跡，是一個名字，亞當·匹拉茲中尉，還有一個地址，普利茅斯蘭斯頓五號。母親對我說，這是馬賽克，看上去只是零零碎碎的東西，但對於成長於一九五〇、一九六〇年代的她來說，亞當的鬼魂一直都在。

他的戰艦被德國 U-378 潛艦擊沉的七十七年後，他依然存在，在一本翠綠色的雙面相簿裡，一隻手的手肘隨意地靠在戰艦的尾部，脖子上掛著一副雙筒望遠鏡。他的照片與我母親嬰兒時期的照片並列。不知道的人看了，大概會以為是父女，但其實我的母親是在亞當死後六年才出生。兩張照片放在同一個框裡，一直待在外祖母的梳妝台抽屜，橫跨兩段婚姻，直到她在一九九二年過世。

我在我媽的廚房桌上，至少看見二十張亞當·匹拉茲的照片，但我媽跟我都不知道，他與我外祖母是怎麼認識的，何時認識的。感謝 Google 大神相助，我們才知道他是何時死的，又是怎麼死的。一九四三年十月八日早上七點零五分，颶風號被德國海軍自動導向音響魚雷擊中，幾分鐘後就在巴倫支海沉沒。那是位於芬蘭北方的北極海棚，也是水兵口中的「惡魔的舞池」，因為一波波如冰川般寒冷的海浪從不間斷。

外祖母總是堅稱，她在亞當死前幾小時，看見他在水裡，也聽見他說話。我整理我先生的遺物，對這句話越來越感到好奇，燃起了一種奇怪的一廂情願，盼望著我很清楚不可能上演的重聚。我覺得自己的想像力失靈，就對外祖母的第六感感到好奇。

我與外祖母不同，我先生等著水壺的熱水燒開，因為大發作型癲癇第一次發作而倒地的那天晚上，我並未感覺到任何預兆。六年後，他離世的那天晚上，我從安寧照護機構搭計程車回家，在床上睡得很沉，連夢都沒做。自從他走了，他不時出現在我的潛意識之中，但次數少到一隻手都數得完，而且沒有一次特別難忘。對於一個從小到大吞下不少勃朗特姐妹的哥德浪漫主義的女人來說，絲毫沒有預兆是錯誤的，幾乎可以說是疏忽。是我的靈魂沒能重新連結斷裂的關係。

距離荷馬在神話中首次提及角門與象牙門，已過了十三個世紀。在神話中，角門與象牙門將我們的夢，區分為告知我們的夢，以及欺騙我們的夢。我坐在母親的廚房桌上，梳理著外祖母的紀念品，滿心盼望著能欺騙自己，能有一道拱門讓我在夜深人靜時得以穿越，帶我離開一堆堆塵灰滿布的書。是，我可以為外祖母看見亞當在海裡的故事，找到合理的解釋，但我看見那張烏賊墨色的照片中，外祖母那張洋溢著幸福的臉龐，我的腦袋與心之間，有東西在攪動。我這個說故事的人，有一部分在水裡，與外祖母在一起，她願意相信。

這難道不是造物主的計畫？把我們設計成這個樣子，命中注定要在我們想相信的，與我們知道的真理之間掙扎？在古代的美索不達米亞，人們相信夢境能讓我們看見其他的世界，而且靈魂還會脫離身體，造訪其他的世界。古希臘的阿斯克勒庇俄斯神廟（Asclepeion），有所謂「宿廟祈夢」的儀式，尋求心靈療癒的朝聖者，因眾神賜予的能預示未來的夢境而得到療癒。一八九九年，佛洛伊德（Sigmund Freud）發表《夢的解析》（*Interpretation of Dreams*），奠定了「大腦潛意識活動的權威知識」的基礎。一九四三年，我的外祖母在夢中看見她的心上人置身在冰冷的海水，聽見他呼喚她的名字。一九五三年，納瑟尼爾．克萊特曼教授（**Nathaniel Kleitman**）和他的學生尤金．阿瑟林斯基（**Eugene**

Aserinsky）發現了睡眠中眼球快速移動期（REM sleep）。在睡眠的這個階段，眼球會快速移動，同時會有鮮明的夢境。二〇一八年，我醒來以後趴在床上，在床單下尋找亡夫的身影，因為我無論再怎麼努力，也無法夢見他。

有些事情我們感覺得到，有些事情我們知道，還有一些事情是我們希望能成真。我不太相信夢境能預示未來，但我卻對那些相信的人深深著迷。我好羨慕外祖母深信愛人已死，也很羨慕母親篤定我的出生。這些女人，這些作夢的人，能看見我在潛意識看不見的東西。我覺得我之所以無法夢見未來，或多或少是因為我極度渴望將內心的喪慟，繫於比我自己更大的東西，我才能賦予它某種預先定義的意義，畢竟另一條路未免太淒涼，太無常。

我們憶起的回憶，還有我們述說的故事，都無法單獨存在。每一個都會與另一個交織，有時候交織的甚至不是我們自己的回憶與故事。這讓我想到惠特曼的文采。那個星期六午後，我在亞當的照片後方找到一張紙，上面是惠特曼的詩作，是我外祖母以龍飛鳳舞的字跡草草寫下，珍藏在照片後方。惠特曼的「睡眠者」探討我們集體的潛意識，以及夢境的無邊無際。他寫下謎語般的詩句：「我在我的夢中，夢見其他作夢的人的夢。我就此成為其他作夢的人。」

也許這是我們唯一有把握的事。也許我們唯一擁有的，只是共享的故事。

我覺得外祖母是夢見了她擔心會發生的事，我也覺得她在往後的人生緊緊守著這個夢境，是為了彌補一個痛苦的真相：亞當死時，她並沒有跟他一起在海裡。我們不見得每次都能親眼目睹我們失去的。我就沒能目睹他走的那一刻。我親眼看著他終於向類似嗎啡的乙醚屈服。我默默站在他的安寧病床旁，聽見他的肺發出無法吸氣的爆裂聲。我在腦海中一遍又一遍重播這一幕，但結局總是一樣的。護理師對我們說，暫且還不妨，我應該回家休息，她的建議我聽從了一半。我的朋友柔伊在外面的人行道上等我。我們走到轉角的酒館，點了一瓶酒。

天文學家提出所謂的「大星能量」，意思是星星越大，壽命就越短。一個巨大的天體因為自身的重量而墜落時，會向宇宙噴發光與物質。但我那天晚上閉上眼睛，簡直就像置身在海面下幾千英里，倒在海底。我看見的是石板，不是煙火。我沒有任何感覺。

有時我努力回想過往的某個時刻，感覺像是手裡握著冰塊。時間成了液體。

回憶融化。憶起的往事從我的指縫中溜走。其他的則是在我的手掌化成一灘水，固體變成液體，我能在水面看見自己的倒影。一直在變，一直在動。

二〇一九年三月，《星期日泰晤士報》刊出我寫的一篇談論喪慟的文章的一個月前，有位攝影師到我家，拍幾張將與文章一併刊出的照片。我前一晚睡得不好，狀態很糟。前一個禮拜，我做了幾場夢，夢境的情節全都一樣。我終於夢見在安寧病房的他，但我與他的角色互換，夢境中是我躺在隔間，等著他前來探望。他總算來了，他的嘴唇動了動，我卻聽不見他說的話。我彷彿對著他按下消音鍵。

隔天早上，我抹上厚厚一層象牙白遮瑕膏，塗上珊瑚紅色口紅，穿上豹紋上衣，還有我在喪禮那天穿的紅色靴子。攝影師在我家客廳架設機器，我把家具重新安排了一番，坐在新買的深紅色沙發上。新沙發取代了他病情發作，失去記憶，失魂的身體將我趕出家門的那天晚上，他所坐著的雙座沙發。我仔細擺好姿勢，經過一小時的拍攝，攝影師建議把後方牆上的兩張加了框的照片移走，讓畫面清爽些。我小心翼翼拿走我們結婚那天拍攝的一張黑白大照片，看著後方榫槽接合的嵌板，看見兩個淡淡的首字母，K&P，是新近用油漆刷在牆上的，一定是幾年前重新裝潢的時候，他塗上的浪漫印記。現在卻成了牆上幽靈般的象形文字，彷彿紙房子裡面，紀念碑上的銘文。

攝影師終於走了，我更仔細看著K&P，食指摸著字母，摸索著停留在某一刻的，溼溼的油漆刷出的淡淡字跡。我又重回安寧病房，也回到兩千英里之外，正在融化滴水的冰塊。他在倫敦東南區，嚥下最後幾口氣的同時，兩位人類學家正在發表一部紀錄片，主題是冰島的失落。一條曾被宣告死亡的冰川正在融化。我們現在提到 Okjökull 冰川，用的都是過去式。它**曾經**是位於峰頂的冰川，位在雷克雅維克的東北方，盤踞在四處蔓延的拱狀火山岩的頂部。如今只剩下一小堆融冰，供世人追憶，悼念。

我去了一趟我媽的家，尋找蛛絲馬跡，希望能拉近與葬身北冰洋的亞當·匹拉茲的距離。不久之後，我開始上 Google 搜尋「冰河學研究」、「逐漸死亡的冰河」之類的關鍵字。我在尋找專家。我在追尋事實。我讀到的融冰在我的腦海裡徘徊不去，直到我坐下來寫這本書，再度開始研究，只是這一次我的業餘研究較為具體。我讀到二〇一九年夏季，在 Okjökull 冰河底部舉行的一場紀念活動，隨即寫電子郵件給冰島大學地球物理學教授古芬娜·阿瓦爾傑斯多蒂（Guðfinna Aðalgeirsdóttir）。那場紀念活動，正好就在我先生一週年忌日的六天前舉行。

那年八月，政治人物、記者、科學家，還有運動人士站在「死亡冰川」的墳墓旁，揭開一塊匾，上面刻著作家兼詩人安德里·賽恩·馬納松（Andri Snær Magnason）寫的一段文字，題目為「給未來的一封信」：

「Ok 是第一條失去冰川地位的冰島冰川。

在未來的兩百年，地球上所有的冰川都將走上同樣的路。

樹立此紀念碑，是為了證明我們了解現況，也知道該怎麼做。

只有你們知道，我們做了沒有。

二〇一九年八月

二氧化碳濃度四一五 ppm」

古芬娜教授回覆我的電子郵件，我們安排了視訊對談。一小時的對談中，她告訴我，「jökull」的意思是**冰河**，「Ok」的意思是**軛**。冰川取這個名字，是因為形狀的關係，彷彿幾條曲線玲瓏的手臂，循著貧瘠碎裂的土地延伸。她也對我說，在她的祖國，這幾十年來還有四十九條冰川消失，每一條都是慘死在氣候變遷加速惡化的亡魂。

古芬娜將冰川的冰比喻為蜂蜜。將一罐蜂蜜放進冰箱，久而久之就會變為膏狀，但放在溫暖的餐具櫃上，蜂蜜就會變形，自行變得黏稠。她對我說，我們的回憶就儲存在冰川的表面之下。在格陵蘭，過往的種種就留存在冰雪之中，層層堆疊的塵粒，記載了我們的地球十三萬年的歷史。在南極洲，科學家鑽探東部高原的冰芯，發現保存了八十萬年的大氣紀錄。每一層冰封的大氣就像樹幹的年輪，也像一頁頁的文字，記錄了一個時代。難怪古芬娜將冰川的死亡比喻為焚書。她在冰島的家中對我說：「我們讓冰川不斷融化。等到冰川都消失了，就再也沒有了。」

在接觸不到內在的動態、回憶，以及夢境的那段日子，我對瀕臨死亡的冰川深深著迷。這些會動的冰川漂移、融化，緩緩流淌，有一種特殊的氣質，彷彿流露出我自己的失落，還有外祖母的失落。那易碎的表面，隱藏著黏黏的內核，那在看似靜止不動的冰雪之下，流動的液態核心，與我有一種共鳴。我迷戀著那層層堆疊，逐漸消失的古老回憶，匯聚壓縮，融化解凍。我也迷戀著那些我們痛惜冰川所用的字詞。**回憶**、**哀悼**、**訃告**這些字詞，讓這些死去的冰封遺跡又有了生命，也重新點燃我心中的希望，相信故事能招致改變。在扁桃樹開始開花的時節，我焦急盼望著改變。

這些冰川就像我們的靈魂居住的身體，是時空膠囊，蘊藏著變動的歷史。它們的形體與回憶是變動的，就像我們的形體與回憶。

水是透明、無臭，無味的，覆蓋了百分之七十一的地球表面，人體大約有百分之六十是水。水在我們體內，也在我們四周。我們在流動與形體中看見詩意。一旦發生了意想不到的事，很多人會從水中尋找詩意。我就在那寒冷的幾個月，在逐漸消失的冰川、不斷流動的河流，以及冰冷刺骨的海浪中尋找。

作家雨果十九歲的女兒，於一八四三年溺斃於海裡，被身上沉重的裙子拖入深海。雨果也被自己的夢境拖入海面下。他以煤塵與咖啡渣描繪夢境。一隻駭人的章魚，幾隻觸手交纏在一起，拼出他的名字的首字母。他的女兒漂浮在海上，是水中的仙女，伸手想抓住流星。

我的外祖母從未將夢境描繪在紙上，但她的夢境如今就深深烙印在我的腦海：一位即將溺死的海軍，一條瀕臨死亡的冰川，層層堆疊，滙聚壓縮。

我每天爬上我家與公園之間的山丘，都想著外祖母的夢境，意識到我自己的呼吸，也意識到我的外祖母。那段路很陡，但我能感覺到外祖母驅使著我繼續向前，我的肌肉緊繃，時而收縮，時而伸展，帶給我一種成就感。我每往前一步，都能意識到自己的身體，意識到我的內在種種串連成一股力量，促使我繼續走下去，哪怕有時候我的心對我說**不**，有些事情無法修補，也許我自己也是無法修補。痛楚太強烈，寂寞太濃烈。那段日子是我最常步行的日子，雙腳重重踏在地上，還有一張嘴，說出那些我覺得自己做不到的話。

第三部：土

我對樹說
「若你能作主
你想當什麼？」

樹對我說
「我就想當樹
我就想當我。」

——艾薩克．羅森堡（Isaac Rosenberg），摘自「夜與晝」（‘Night and Day’），一九一二年

第7章

有時候世界就這樣消失了

一位女士拉扯緊繃的牽繩，打開她的汽車後方的行李箱，將她破舊的橡膠靴，扔在三個壓扁的塑膠袋上，一邊喊道：「小心裡面的樹！」我用力關上計程車的門，晃到我朋友約翰身邊。

我喊回去：「感謝提醒！」揮揮手致敬，樣子有點矬。

她繼續指點我們，得意的嗓音雖說親切，卻也有點跋扈：「它們今天是有生命的。我還得躲開其中一棵，它差點把我的腦袋給摘了！我看到至少三**個**倒地的樹幹，想必是一夜之間倒下的。上個星期明明就還不在這裡。你們聽見強風了沒有？」

我答道：「我們從倫敦來的！」彷彿這足以說明一切。

我看著她坐上駕駛座，想著她剛才甩進車裡的橡膠靴，低頭望著我自己破爛的鞋子，暗自責怪自己沒張羅合適的鞋子。

她的顫音蓋過後座獵犬的吠叫聲：「祝你們玩得開心！要小心喔！」

引擎加速，她開著車子揚長而去，空蕩蕩的停車場只剩下我們，看著樹梢搖擺翻騰。我的雙手放在屁股上，打量著那塊招牌，招牌的第一行字是「比斯漢林區」（BISHAM WOODS），第二行字是「英基唐林地」（INKYDOWN WOOD）。我搔著腦袋，一頭霧水。

我轉向約翰問道：「是哪一個？」

他答道：「我想兩個都是。」

古希臘人相信樹木能預知未來。荷馬寫道，在希臘西北部多多納（Dodona）的一處神聖的樹叢，有一群赤腳的祭司叫做 Selloi，睡在一棵橡樹之下，將樹葉的窸窣，解讀為宙斯的神諭。現在的人大概覺得會說話的樹是荒謬的神話，只適合出現在托爾金的《魔戒》（*The Lord of the Rings*）。但在葡萄風信子開始出現的三月底，我經常步出屋外，到花園去，坐在我們的白樺樹下，與白樺樹的窸窣聲對話。在我最想念他的日子，總覺得傳入自己耳中的，也有可能是他的聲音。

在我們的六週年結婚紀念日，也是我們第一個沒有一起度過的結婚紀念日，我與約翰依約在帕丁頓（Paddington）車站見面，買了兩張前往美登赫（Maidenhead）的火車票。我想看風信子，我需要聽到樹的聲音。我不想悲傷。比斯漢林區是一處古老的森林，沿著泰晤士河一路往上。相傳有隻莽撞的鼴鼠闖入這片原始野林，不小心迷路，走進茂密叢林的深處，看見樹皮上出現輪廓鮮明的臉龐。牠懼怕那些銳利的目光，連忙躲進老山毛櫸幽暗的樹洞中。

我先生小時候的那本《柳林風聲》（*The Wind in the Willows*），至今仍在我的書架上。輕輕翻開前面幾頁，會看見一張貼得整整齊齊的藏書票，上面有他用黑筆親筆書寫的姓名，第一個字母與最後一個字母還有捲曲的花飾。另一條通往古代樹叢的道路。《柳林風聲》的作者肯尼思．格拉姆（Kenneth Grahame）曾經寫道，他的冒險故事，是為了「仍然保有兒時心靈，仍然懂得欣賞人生、陽光、流動的水、森林、塵灰滿佈的道路、冬季爐邊之美的讀者所寫」。

我站在梣樹與榆樹之間，想起在一個世紀之前，走過這些雄偉的樹木，尋找輕鬆愉快的故事，逃離家中現實生活的那個小男孩。五歲的格拉姆同樣是因為喪慟，才會前來比斯漢林區。他的母親貝西一八六四年死於產後感染，父親從此與酒精為伍，將格拉姆連同三個兄弟姐妹，送往位於鄰近的庫卡姆迪恩（Cookham Dean）的祖母家，一個叫做「山丘」的破屋。

我想知道，格拉姆逃入森林，是為了思考死亡，還是想完全否定現實，創造一個獾會說話，天下母親都健在的更美好的世界？我們每個人都有，每個人心中都有一個更美好的世界。在我所想像的更美好的世界，他與我並肩走在這條森林步道上，我的雙手各牽著兩個孩子。一個三歲，另一個十八個月大。我有時候會想像兩個孩子的模樣。我逕自想著，棕眼基因比藍眼基因更為顯性，所以他們大概會遺傳他的眼睛，而不是我的。他們的髮色倒會像我，是深色的，在陽光照射下會變成栗色，顴骨與鎖骨上散落著深色的雀斑。

我想像中的第一個孩子，根本沒能順利著床、植入。還沒到那個階段就沒了。醫生說我們的胚胎若是以一至四分評分，算是四分，而最理想的分數是一分。所以我也不知道那到底算不算，也不知道那個畸形的囊胚，是否以另一種形式存在。一個偶然的鬼魂。一個原本可能降生的生命的振顫。是液體與細胞，而非肉與骨。在我們的婚姻中，兩度錯過小生命。一個是用濾泡刺激素、助孕酮陰道栓劑，以及精子細胞漿內注射爭取來的。另一個是在幾年後，在完全自然的情況下意外報到。我們得知我先生必須接受進一步化療的一個月後，塑膠驗孕棒出現兩條藍線。感覺像是奇蹟似的轉折，但這次懷孕只維持了十週。我們不見得能活在想像中的更美好的世界。**有時候這個世界就這樣消失了，沒有原因，沒有理由，就莫名其妙不再繁殖了，不再複製、分裂了。**

也許正因如此，我才會在這一個結婚紀念日，前往這一片原始野林。我在這裡可以渾然忘我。我仰望著搖曳的樹木，感受到它們的煩亂焦躁，彷彿我內心的煩亂焦躁也很合理。事情過了八個月，揮之不去的身體痛楚，似乎依然緊緊依隨我內心的喪慟。我感覺好累，不只是精神上，身體上也是，有形的症狀一一浮現，劇痛、拉扯、抽痛。每天早上我醒來，背是疼的，雙腿抽痛著，心也是碎的。我這樣說也許很奇怪，但心碎反而比較好處理。我可以用語言宣洩。身體的種種症狀卻是不同，彷彿是由一種截然不同的能量推動。

情緒上的痛苦有高峰也有低谷，但我所經歷的發炎疼痛不一樣。少了我們常與喪慟劃上等號的刺激情節，沒有刺痛、踉蹌、猛跌、刺穿與猛擊。慢性疼痛沒那麼猛烈，喜歡好整以暇慢慢發展。有時像個故障的電話總機四處亂竄，但大多時候是慵懶緩行，全無活力。但疼痛一直都在，以各種面貌出現，日復一日在日常生活的背景作祟。手腳發麻、肌肉抽搐、暫時無知覺。種種沒頭沒腦，無甚可觀的症狀，要我正視一個我一直想遺忘的悲慘事實。我哀悼的不只是我失去的男人，還有我現在殘存的身體。我沒有合適的詞語能表達，只能越發往內心退縮，在每一個窗戶咯咯作響之際默默退縮。

我覺得我罹患了多發性硬化症。上 Google 搜尋，很快就發現接下來遭殃的會是我的身體，後半輩子也要與大腦疾病糾纏不休。我滑過一連串的早期症狀，在相符的症狀打勾。頭暈目眩，打勾。疲倦，打勾。麻木刺痛，打勾。肌肉痙攣無力，打勾。我坐在我的全科醫師的辦公室，沒頭沒腦說了一堆，她則是默默聽我說。

「我不是不把妳的問題當一回事，」她輕聲說道，「不過妳才經歷過嚴重創傷，我覺得妳說的症狀應該是喪慟。」

吳爾芙稱之為語言的貧乏。她寫道：「英文能表達哈姆雷特的心思，也能闡述李爾王的悲劇，卻**沒有字詞能形容顫抖與頭痛**。英文只能用於一個領域。小小的女學生墜入情網，莎士比亞與濟慈都能為她代言。病痛纏身的人想把頭痛的毛病說給醫師聽，卻找不到合適的語言。」

在我那本吳爾芙的長文「論生病」（'On Being Ill'），這段文字下方畫了線。但鉛筆畫出的淡淡線條，並非我的手筆。我想大概是我先生打算將這段話，用於他尚未出版的作品。我想，他也一樣說不清自己的病症，道不明身體的真實狀況，躺在安寧病床上，看見這段文字，想必是心有戚戚焉。現在的我拿著伯羅圓珠筆，在吳爾芙文章的相同段落畫上底線，也是出自同樣的原因。

吳爾芙在四十二歲那年，寫道「我們內心根深蒂固的古老橡樹」，被「疾病連根拔除」。當時的她才歷經精神崩潰，身體還遺留著崩潰過後的症狀，只得臥床休養。在寡婦的世界，這與喪慟的深淵其實相去不遠。我先生與我同在這一頁畫下底線，是有原因的。我們之所以受到同樣的隱喻吸引，是因為悲慟是一種疾病。憂鬱也是。吳爾芙說得對，身體並不是靈魂能「一眼看透」的透明玻璃。而且「裡面的生物」就像一把刀插在肉體這個外殼，無法獨立生存。否定這種共生，就等於否定身體的複雜性，以及身體與心靈之間的關係。

你親眼目睹一個身體漸漸衰亡的過程，自己的身體也會連帶衰頹。我當時絕對無法說出這番話。即使現在付諸筆墨，也很不容易。這本書的讀者當中，不曉得有多少跟我一樣的照顧者，同樣背負著這個念頭，只是不敢明言，唯恐傷及心愛的人的自尊。我先生去世的幾個月後，我去看牙醫。牙醫助理努力清除我的牙菌斑，隨口說了一句「妳沒有好好照料自己」，我聽了卻崩潰大哭，因為這句話真的讓我痛徹心扉。我已經三年沒看牙醫了。我也三年沒有檢查視力。我不記得上次剪頭髮是什麼時候。時間一年年過去，你在不知不覺中忘卻了自己。

二〇一九年春季，我雖然內心並未完全接受，仍然再度拿起伊麗莎白・庫伯勒－羅絲的著作。這次是某個術語引起了我的好奇心。預期悲慟（anticipatory grief）是我們在死亡事件發生之前，感受到即將失去心愛之人的感覺，因此與恐懼較為相關，與傳統的傷慟特徵較不相關。用庫伯勒-羅絲的話說，就是「原地打轉，或是在不知道是否會失去的情況下，慢慢變得原地打轉」的不確定性。

這樣的生活狀態，有一種空氣動力學的概念。想像在跳傘過程中，跳傘者未張傘之前的下降，重力與空氣阻力爭相作主，於是跳傘者的身體盤旋旋轉。這兩種力場同時啟動，其餘的一切全淪為配角，兩種力場的推拉才是主角。這時腎上腺素大量分泌，時間凍結。身上的肉翻騰，肌肉緊繃。一切都壓縮在這一刻，全都擠進**現在**。你的身體處於某一個高度，你置身在一種特別的無重狀態，腎上腺開始運作，血壓開始上升，雙眼完全能看見你的身體，以及你身下的地面之間漸漸縮短的距離，在這樣的狀態下，你幾乎什麼都會相信。

我的預期悲慟也是會動的，就在我的皮膚下動來動去。我學會與它們共存，與我內心的聲音共存，但我很少將這些聲音說出口。我不想為這些聲音背書。我先生常常說笑，猜想我們老了以後會是什麼樣子。他曾想像我們並肩坐在海邊凳子上，吃著炸魚與薯片。我也跟他一同說笑，一起想像這一幕老年情景，但內心卻深感羞愧，因為我知道我們不會共度七十幾歲的時光，我們相聚的時間不會那麼長。這份羞愧要安放在何處？我將它再度注入我的身體，想製造一個壽命比我倆都長的人。

我知道成功的機率，也知道機率不高，但我反而更鐵了心要戰勝機率。我們在二〇一三年結婚之時，我就覺得可能不容易有孩子，但擔憂並不足以澆熄我組織家庭的渴望。我也衷心期盼，能像以往克服難關一樣，純粹以決心戰勝一切。在他完成大腦手術九個月後，我們到義大利度蜜月，在拉維洛（**Ravello**）的阿瑪菲（**Amalfi**）沿海上方幾百英尺處，開始努力做人。再過一年，他又得接受後續的放射治療與化學治療，我們就很難自然受孕。

原本自然而然的午後親暱，在我們回到倫敦之後，很快就變為比較講究方法。我下載了助孕應用程式，拿著螢光筆規劃排卵高峰期。我每兩個禮拜就躺在治療台上一次，模仿瑜珈式呼吸，一位憂心忡忡的針灸醫師在我的皮膚四處扎針。我不吃小麥，週末的啤酒也取消。在此同時，我不去想求子路上真正的大障礙：那些不斷分裂的細胞，不是在我的梨形器官，而是在他的大腦。有時候他坐在雕刻椅上，吃著一碗麥片，我摸著他的頭髮，指側滑過一塊露出的粉白色頭皮，那是一條手術線，從他的右耳後方，一路延伸到頭頂。我想像我的手掌是一個神奇的吸盤，想像他的顱骨下方那些星形的神經膠細胞顫動，因為我的手掌溫度而移動。我僅僅憑藉想像力，就能驅散那些細胞。

隨著季節更迭，機會之窗似乎一個個被堵住。新的悲傷每個月準時報到，我拿著摺好的衛生紙，抹去衣服襯料上骯髒的血汙。心痛、擦去、沖掉。但我們還是繼續努力。即使是現在，我還是不知道我屢屢努力求子，是想創造一個更美好的世界，還是只是一種絕望的舉動。我不知道我那種頑固的決心，究竟是純粹自欺，還是明知我終將失去他，所以換個方式思考死亡。這聽起來好可怕，但唯有如此，我才能開始理解，我為了製造新生命，是如何逆勢而為，硬是逼迫自己的身體。

沒有一個女人會預料到自己有一天要叉開雙腿，躺在手術室，任由加了潤滑劑的超音波探頭以及取卵針，深入自己的陰道，尤其是在三十二歲的年紀。但兩年來求子失敗，灰心又憤怒的我，知道時間所剩不多。只是快停擺的不是我的生理時鐘，而是他的。我們近來得知，放射治療延緩腫瘤生長的效果並不如預期。他的會診醫師說話簡短，言詞閃爍，但我們拿到的紙本資料可不是。如果不考慮不知道要做多少次的藥物試驗，他的壽命只剩下不到一年。那天下午，我們坐在床邊，沒說什麼，因為除了眼前明擺著的事實，我們還能說什麼？他不想死，我也無法想像沒有他的日子。也許應該說正因診斷結果是如此，我們硬是繼續執行做人計畫，努力已經不是一種選擇，而是必須做的事。

一個晴朗的六月早晨，我們搭公車到國王學院附設醫院，我們曾經多次到這裡的急診室，這次要造訪的是人工生殖部門。這個部門藏身在主建築物後方，位在兩個貨櫃以及卸貨區之間。

我們看著一個像是半永久的方艙的地方，我問他：「是這裡嗎？」

他聳聳肩：「大概是吧。」

我們並不是輕率決定要進行體外人工受精。我們商量過這樣做有多自私。明知眼前的情況，還非要迎接新生命，是不是很沒道理？我明明有選擇，並不是逼不得已，我真的想當單親媽媽嗎？我們真的能同時應付逐漸長大的肚子，還有逐漸長大的腫瘤？他一直問我這些問題，我也一直問我自己。我們坐在公園椅子上，他對我說，這個家庭會是我的，不是我們的，他無法活到當父親的那一天，無法盡到父親的責任。我知道他想指出另一條道路，不是通往更美好的世界，而是通往另一種人生，也許是更輕鬆的人生，只是我不想走那條路。我選擇體外人工受精，我選擇希望，而且我決定的時候，只能把唯一的希望，寄託在培養皿中兩天大的胚胎。

每天早上都是相同的模式。在混亂中可以找到規律。天方破曉我們就起床，他量好濾泡刺激素的劑量。我在半夢半醒之間，笨手笨腳拿針刺進大腿，冰涼的液體伴隨燒灼的刺痛，竄入我的體內。你很容易沉浸在這套一成不變的程序上，不過慾望與懼怕之間，只有一條淺淺的界線。

二〇〇八年，密西根大學的一群神經科學家發現，與激勵、激發、愉快相關的激素多巴胺，也能引發恐懼、焦慮這些負面感覺。我望著尖尖的針尖，感受到動機的敦促，但我看著將針遞給我的那個男人憔悴的面容，疑慮又浮上心頭。我們的目標究竟合不合理？該有多累才算太累？我始終覺得**期望**是個正面的詞，就像我覺得**慾望**是一種正面的情緒。但慾望與懼怕混在一起，分不清哪個是哪個，又該怎麼辦？我們的期望又會變成什麼？

我還記得我在人工生殖部門的等待室，對其他夫妻心懷嫉妒。我與朋友喝著酒，一邊戲言：「看看人家多享福，只有一個問題要解決。」我仔細觀察那幾對夫妻的相處方式，假裝閱讀助孕手冊，其實在研究在他們之間流淌的，那種溫柔的關懷，以及他們置身在這個醫學化的新環境的尷尬模樣。我也想模仿這種生澀的模樣，但我看見我們各自腳邊的大手提袋，就再也無法裝假。我們倆都太習慣了，太習慣等到天荒地老，太習慣虛擲大把光陰在這個空氣不流通，消毒過的空間，所以已經習慣準備「救生包」，以便打發時間。急救護理人員經常會將癲癇發作後的他，用輪椅推出我們家廚房，到屋外的路上，這時我會迅速環視一下我們住的公寓，拿了我的 iPhone 充電器、幾本雜誌、一些零食、一瓶水，還有一份他服用的藥物清單。

優閒（左乙拉西坦），一二五毫克，每日兩次

樂命達，一七五毫克，每日一次

服利寧（氯巴占），癲癇發作時服用二十毫克

有一天晚上，歷經一場驚心動魄的發作之後，他問能不能回到屋裡拿他的書。他拿了書，就在前往急診室的救護車裡略讀，旁邊的急救護理人員看得一頭霧水。我們是身經百戰的專家，知道該怎麼做，但我不想把那種熟練感，帶到這一間等待室。我不希望體外人工受精變成只是另一個程序。但我內心很清楚，絕對會只是另一個程序，因為在同一個月除了做體外人工受精，還有化療，那就**只是**另一個程序。到了這個地步，侵入式生殖治療變成其他所有事情的附屬品，真的很希望能有一種生澀感。

幾個月後，人工生殖部門的醫師示意著電視牆上，一個畫質沙沙的汙點。那是我們的受精卵，已經可以植入。我知道即使這個胚囊能生根，我先生能活到看見孩子出世的機率，也是極其渺茫。在植入手術之前的幾個月，我硬是壓抑這個想法，深藏在內心深處，隱藏起來，就像那個裝著用過的濾泡刺激素針的拋棄式針盒，每次朋友到我家晚餐，我就把它塞進烘櫃裡。醫療程序的現實，已經變成我們的日常，我也變得很麻木。科學治療成為常規。身體出了問題，你就拿著記事本與一枝筆，坐在專科醫師的辦公室，等著冷靜客觀的聲音給予指引。你聽從全新的實驗室裡面那群身穿白袍的人，盲目相信他們握有解答，能縮小腫瘤、凍結他的精子、取我的卵。

二〇一三年，我們展開體外人工受精程序的十八個月前，我站在倫敦大學學院附設醫院狹小的治療室，看著他被束帶綁在床上，一群技術員在他的頭部與頸部，套上一個熱塑性放射治療面罩，簡直像電影《發條橘子》（*A Clockwork Orange*）的反烏托邦場景。他在死前兩個月，在 Instagram 發表他的化療導管照片，附上以下的說明文字：

「全身灌滿液態鉑。現在只缺一個反派對手，還有一位勇敢的搭檔，我當主角的原創超級英雄故事就完成啦。#叫我鉑人#好無聊。」他的朋友很快回覆：「送上問候與斗蓬」、「喔，你本來就是貨真價實的超人」。紅花俠（The Scarlet Pimpernel）那一套很適合他。白天是俠義的貴族，晚上是英勇的劍客。戴著熱塑性面罩，就變身為披著斗蓬的戰士。

我還記得我在二〇一六年，訪問漫威漫畫（Marvel Comics）的內容總監薩娜・阿曼納特（Sana Amanat），報導這個產業宣揚父權的名聲。我請教她，超級英雄敘事為何如此賣座？她說，因為能帶給我們期盼。超級英雄敘事要讓我們相信，凡人的生活也有諸多可能。吉加美士能殺死天牛。柏修斯能砍下美杜莎的頭。壽命只剩六十八天的鉑人，應該也能創造奇蹟，繼續存活。只是現實並不是用濾鏡拍照片，再打上一段俏皮的說明文字那麼簡單。

我先生貼出插著導管的自拍照的那天早上，他的「勇敢的搭檔」坐在他身邊，精疲力盡，正在唸她塞進大手提袋裡的另一種神話給他聽。在安潔拉・卡特（Angela Carter）的「老虎的新娘」（'The Tiger's Bride'），故事的英雄是一位年輕的女子，在一個到處都是面具的屋子裡，害怕自己原始的模樣。化療手推車滴著水，嗶嗶作響，我唸著故事：「我不習慣裸露。我完全無法適應裸露的樣子，叫我脫掉衣服，等於是剝掉我的一層皮。」

我也不知道是什麼時候開始的，但從我開始打濾泡刺激素，到他開始接受卡鉑化學治療之間的某個時間，我整個人像是從周遭的一切抽離，身體也不再想要積極追求了那麼久的東西。我再也不知道我想要什麼，只能告訴你我害怕什麼。我害怕整個人被連根拔起，每天只是行屍走肉般做做樣子，沒有寄託。每天早上，我漠然的眼光凝視著我的大腿，看著大腿腫脹、瘀血。我躺在婦產科診間的沙發上，看著臨床醫師繪製我的卵巢濾泡性能圖表。我數著，一、二、三，一位會診醫師將四個細胞的胚胎，噴入我的子宮，我感覺到微量的風。

我忍受這一切，注射、醫用窺鏡、藥丸，除了身體的感覺之外，其他幾乎沒什麼感覺，彷彿我完全從我的身體抽離。我的身體與大腦分離，我既是當局者，也是旁觀者，既是局內人，也是局外人，既是參與者，也是觀眾。

體外人工受精失敗，痙攣加劇，我脫下牛仔褲，又看見熟悉的血汙。在這段日子裡，這種身心矛盾反而對我有益。我將手指放在大腿之間。摸到了。褐紅色的一小塊，聞起來像銅幣的味道。我拿在指尖揉了揉，證據在我的手上留下一道痕跡，我看著它變乾，變成一道黏黏的赭色痕跡。

經過三個月的侵入式程序，我的身體仍然說**不行**。我們剛開始努力懷孕的時候，每個月報到的**不行**，讓我感覺徹底潰敗。但這時候的我已經身心俱疲，連悲傷的力氣都沒有，反正也沒有悲傷的空間，這個公寓、這間浴室、這顆心都沒有空間。事後想來，我的子宮不肯配合，也許有其深意。有時我甚至覺得謝天謝地。彷彿我的身體要保護自己，避開更多的要求與約束。我的身體知道，我所儲備的資源不足以應付那樣的人生。

有時候大自然自有時間表，我們不見得能強求，但嘗試也並非全然無用。結果也不盡然是絕對的悲劇。我沒有子女這件事，其實比這更複雜。無論怎麼看，無子是悲哀，卻也是慶幸。我並不奢求所有人都能明白這種兩極。我自己也是用了一些時間才弄懂。但歷經幾年的不斷努力，在這兩種看似矛盾的感覺之間，仍能找到一些慰藉。

有些事情其實是有關連的，只是我們在當下沒能察覺，甚至無法完全理解。二〇一九年春季，我漫步在草地與土地上，我穿過一群以自己的節奏移動的樹木，這些樹木在地下串連在一起。我最近讀到，每一個林地下方都有盤根錯節的樹根，一個地下菌根菌網路，將樹木與植物串連成一個網路，生態學家戲稱為樹維網（Wood Wide Web）。那個四月早晨，我牽著約翰的手，心頭泛起一種新的感覺。開始對自己有了同理心，一種情緒的轉換，讓我與自己的過去和解。能將我帶往這裡的路有那麼多條，我走的是這一條，我選的是這一條，雖然我的雙腿很疲倦，但他們還不打算放棄我的其他部分，至少目前還不會。

我本來打算帶我先生到比斯漢林區，但這個願望來不及實現。他死前四個月，我送給他來自這個八十六公頃的林地的兩棵針葉樹，作為結婚五週年的禮物。我在隨附的卡片上寫道：「專屬你我的園地。」綠色汪洋中的兩棵樹苗，我永遠不可能找到，但我繼續往前走，一邊想著我們四個，兩個人還有兩個胚胎，透過土壤、看見的血，還有流失的血緊緊纏結，我走著走著，依然覺得我與兩棵樹苗相連。

體外人工受精，並不是我們求子歷程的最終篇章。人工受精失敗的大約一年後，我發現我懷孕了。是最後的希望，也是意料之外的希望。我們好震驚，我們好驚喜。內心的震顫很快演變成晨吐、厭食，人家說這是好現象。我們還開始討論寶寶的名字，他把電腦字體當成靈感來源。

他說笑道：「女孩子就叫 Helvetica，男孩子就叫 Dingbats 好不好？」

我以前常常思考，懷孕是什麼感覺，現在總算懷孕了，卻沒想到生活會變得如此混亂。打嗝搞得我渾身不對勁。聞到茶葉的味道就作嘔。我想寫作，腦袋卻抽痛。我在上班途中，還得走過沼澤般的水坑。一切都感覺好**遲緩**，好**沉重**，好**掃興**。幾年來求子失敗，我的身體總算願意配合，可是為什麼覺得不對勁？好不容易有孕，難道不該開心？為什麼反而會厭惡？其實我這次懷孕是很矛盾的。是，是給了我們希望，但也製造另一個衰竭的身體，我簡直害怕。即使到現在，我還是在兩個版本的我之間搖擺不定。一個是因懷孕而欣喜若狂的女人，另一個是長得很像她，知道死亡如此接近，怯於承擔為人母責任的女人。我想，我有時間慢慢適應身體的變化，恐懼一定會隨著時間而淡化，變得較為平靜、輕微，誰知道究竟會怎樣？我也只能猜測，因為我們只剩下十星期。

我的皮膚出現皰疹，我的全科醫師建議及早進行掃描檢查。先生在我的勸說之下在家休息，我則是獨自一人坐在另一間等待室，這次是在懷孕初期部門，右手拿著一張號碼牌。塑膠椅弄得我的背不太舒服，我一直左右移動。我環顧整個等待室，目光停留在一個身穿西裝的男子身上。一台筆記型電腦在他腿上搖搖晃晃，他如火如荼敲著鍵盤。我望向坐在他身旁的伴侶，看見她充血的雙眼呆滯的目光，那種疏離的眼神，似乎望向稍遠的地方，說的是**我的心不在這裡**。

醫師團隊還要兩個禮拜，才能確認我已經知道的事。我麻木望著超音波螢幕上，那個空無一物的黑色橢圓形，十六公釐長的胚囊，裡面什麼也沒有。塑膠棒終於取出，我接過護理師手中的紙巾，擦去大腿間黏黏的凝膠。我已經熟悉整個程序。這些年來，我在無數的檢查室張開雙腿，這個二月早晨也沒什麼兩樣。唯一的不同是，這是我們最接近組織一個三口之家的一次，而且這天是情人節。我在簾幕間穿上內褲，這個荒謬的事實在我心中翻騰。

我在吵雜的健保病房，拿到一份沒有用釘書機釘起來的流產衛教單張。幾小時後，我坐在英國電影協會（British Film Institute）的戲院座椅上，看著金．凱利（Gene Kelly）隨著「聽我的節奏」（'I Got Rhythm'）的輕快旋律打拍子、跳查爾斯頓舞（Charleston）。我先生撫摸著我的手。我們遭逢創傷就會這樣，暫時逃離現實。有些人將林中動物擬人化，藉此躲開悲傷，有些人則是沉浸在喬治．蓋希文（George Gershwin）的音樂。分散注意力是一種手段，但幾乎不會是解方。

每天早上，我抵達來日無多的丈夫所住的醫院，都會經過日間外科手術部門。我的胎盤以及空空如也的胎囊，就是在這裡取出。有些無胚胎懷孕案例無須醫療介入，但我的情況則是需要。我呆呆讀著文件，臨床術語一個個跳到我眼前：「清除」、「手術管理」、「不可行」、「懷孕組織」。院方告訴我，外科醫師會先擴大我的子宮頸，再取出我的「殘留的懷孕組織」。院方也告訴我，這些「殘留的懷孕組織」將送往實驗室檢驗。我同意將檢驗過後的懷孕組織予以火化。我圈選「同意」在我失血過多之時給予輸血，在虛線處簽了名。

幾小時後，我在休息區醒來，雙腿間有一個衛生棉，床頭桌上有一杯甜茶。我感受到少少幾次輕微的痛楚，但那個感覺沒有了。你怎會為一個其實沒存在過的東西傷懷？當時的我沒有答案，那個四月的那個星期六，我與約翰手牽著手，走過一片風信子，也還是沒有答案。但也許我再也不需要答案了。我已經開始尋找另一樣東西。

葉子又開始沙沙作響，這次比較大聲，我們走到停車場，那聲音聽起來就像碎浪。

第8章

被剝奪的權利

我把三根手指頭聚成一個厚實的稜柱，放進我的洋裝下面。輕輕撫過我的肚子，掠過我的腰，繞著肚臍逗弄幾圈，再往下到達重點。我先是沿著皺摺繞了幾圈，這是為了掌握方向，感受它的豐滿，再將我的食指與中指岔開，形成剪刀狀，按住粉紅色柔軟皺摺的兩邊，**上下，上下**，這樣的滑動，我先是覺得癢，隨後又打顫，然後是悸動。我慢慢來，讓自己中途暫停一下，認真享受，一隻手撫過散佈在我雙腿之間，彷彿一片黑雲的柔軟捲毛。

我用了幾十年，才終於接受自己，終於能看著自己的身體自然的模樣，而不覺得需要改變。我還記得小時候看見最初長出的陰毛，那羞恥恐慌的感覺，一路伴隨我進入青春期，甚至成年以後很久都還揮之不去。我覺得它們好醜，那一片又粗又硬的黑毛，像蜘蛛腳一樣從皮膚伸出來。我習慣的是平滑的肌膚，不是這些粗粗的觸角。我往下看，視野扭曲到只剩一條線，感覺它們肆意蔓延。

我從爸媽浴室的櫃子裡找到一把鑷子，拉下兩根陰毛。那時我才十歲。女人從小就被教導，要拿著刀片、乳霜，還有裝在罐子裡的熔解的蠟，打理自己的外表。我們在很小的年紀，就受到如此訓練，無論是我們自己，還是我們的慾望，幾乎無法脫離其他人的需求與凝視，我想起那個十歲的女孩，低頭看著雙腿間肆意生長的荊棘，溫柔撫摸，將手張開，以指尖梳理毛髮的漩渦，手掌後方再掠過大腿內側柔軟的輪廓，心想，**這是我的**。碰觸自己的肌膚，我的意識又回到自己身上。我再度把自己拉到眼前，拇指的指背撫過那個被我忽略已久的豌豆形狀的腺體。

根據估計，每個陰蒂大約有八千個感覺神經末稍，但過去兩年來，我連一個都感覺不到，彷彿電纜被切斷，電流無處可去。最糟糕的是，我幾乎未曾察覺到這種割離。這種無感逐漸惡化，我的大腦卻沒能意識到，就算意識到也無力逆轉。我想，問題一定發生在我接受人工生殖治療的時候，但我無法指出準確的時間點，說**就是這個時候**，是從這時候開始的，我就是從這個時候失去感覺。

自從流產後，我一直沒有性生活。我們努力過了，一次次嘗試，但大自然是殘酷的，而且疾病對身體的影響，壓倒了我們倆僅剩的慾望。再加上幾年來刻意安排的做人，我真的忘了那八千個神經末稍的作用，也忘了我希望它們去哪裡，發揮什麼樣的作用。於是它們哪裡也沒去，什麼也沒做，只是逐漸流入我的其他部位，速度快到我都來不及思考，這種滲透真正的意義。

我第一次再度感覺到它們，是一個週六的午後，我在沙發上看雜誌。在我的三十六歲生日那段日子，那些細長的根部的電流又開始流動，從我的大腿內側，延伸到我的腰部外側曲線，再往下深入我的膝蓋、腳踝與腳趾。接下來的幾個星期，慾望發作得越來越頻繁，越來越強烈，擴散得更廣、更深。我一次次體驗那種感覺，每次都覺得身心比上次更解放。我想要更多。

經過多年的斷線，現在重新接上，成為一種自然而然的本能，不需要刻意去做，更不需要分析，這對我來說可是破天荒頭一回。無論什麼事情，我都會想太多。我是那種知道自己沒什麼事需要操心，反而晚上會睡不著的人。就跟我置身在安靜的度假地點，遠離倫敦的救護車警報聲，聽不見飛機嗡嗡叫，反而會失眠是一樣的道理。我在悄然無聲的地方，卻因為寂靜的「聲響」而翻來覆去，難以入睡，就像在家中被鄰居的電視吵得睡不著覺。

我對好友柔伊說：「感覺不一樣。」

她問道：「怎麼個不一樣？」

我回答：「我也不知道。」

我知道，我也不知道。我知道我正在經歷一種脫胎換骨的過程，但感覺好純淨，好自由，言語似乎不足以形容，無法完整呈現其中的奧妙。我感受到的是一波波的愉悅，而非悲慟，說來奇怪，愉悅與悲慟竟然能以相同的節奏波動起伏。接下來的幾個月，我變得更敢冒險，試試這些新的連結，拓展自己的界線，不只是從前能帶給我愉悅的，也包括現在能帶給我愉悅的。**下一個是什麼？這個怎麼樣？**我一再變換姿勢。站起來，膝蓋放在胸前，雙腿朝下，左腳腳踝抬高，雙腳腳跟靠牆。我從來沒有如此探索自己：在沙發上，在地板上，在床上，而床是我尚未完全重新佔有的家具。

我睡在床上，還是只睡在我以前睡的那一側。床上似乎有一條看不見的界線，將其一分為二。不知為何，我覺得躺一整張床，就像跨越邊界，到陌生的國度一樣冒險。在我先生疑似中風，被緊急送醫的幾個禮拜之前，我們站在西倫敦彼得瓊斯（**Peter Jones**）百貨公司的五樓，挑了一個新床墊，還有兩個枕頭。完全料想不到根本用不著買這些。新枕頭他只睡了兩次。有時候我在半夜轉頭看看那枕頭，一團潔淨無瑕的蓬鬆棉花，還沒來得及被臉壓凹。我連伸出我的右手手肘都不想，唯恐越界到不屬於我的空間去。

我覺得躺在右側像是佔用，就好像我佔用了浴室的另一個架子，把他的刮鬍膏與體香劑，換成我的妝前乳與洗面乳。只是床感覺像是截然不同的領域，彷彿跨出這一步就太不應該了。我的頭枕在他曾經作夢的地方，感覺也不太應該，簡直可以說是冷酷無情。我在自己家中，卻不知道該如何使用如此親密的小小空間，感覺一旦使用，就是侵佔了過往，侵佔了非我所有的地盤。

每一個架構訴說的故事都不一樣。但生命一旦崩解，有些敘事就會重疊。作家黛博拉·利維五十歲離婚之後，也不知道該睡在床墊的哪邊，於是她在床的同一側上下顛倒著睡，按照心情決定怎麼躺，決定把枕頭放在哪一端。後來她在兩端都放上兩個枕頭。她在 *The Cost of Living* 一書寫道：「也許這樣做是以行動展現分裂的自我，展現出不甚清晰的思路，猶豫不決，舉棋不定。」也許是自我不斷在變動，不是二元分離，而是一種動作的流動性，混合在一起。

喪偶與離婚。其實兩者的差異不見得一直都那麼大。我再度開始探索我的身體之後，也刻意決定要越過床墊的界線。並不是每天都要越界，而是在我有信心做這兩件事的時候。我會枕在他的枕頭上，讓整顆頭陷在枕頭裡，留下壓痕。我的手指則是往下走，尋找高潮的顛峰，將我彈起，噴出。我對自己說，**該在這裡製造新的回憶**，不是要取代舊的回憶，而是將我自己從舊的回憶適度解放，我才能再度擁有其他的感覺。

我在二十出頭歲與異性交往時，床對我來說是個逃避的地方，性行為是我刻意投入的危險舉動。我屈從於誤以為粗暴等於熱情的粗魯男人。他們從來懶得問我怎樣才舒服，所以我從來不知道自己怎樣才會舒服。我壓抑自己的衝動。在這些臥室是得不到養分的，因為總是在演，而且我每次裸露總是不自在。大多數時候，我甚至也不怎麼在意那些男人，不去解釋我的行為為何如此矛盾，在大街上拉攏他們，又在小巷子裡推開他們。

床是許多事情的中心，見證了我們的疲倦、挑逗與冒險。很多人是在床上製造出來的，有些人是在床上出生。床也是親密關係發生的地方，而且正如我在他的安寧病房親眼目睹的慘痛回憶，床也是很多人逝世的地方。床可以在我們身下無盡延伸，像一處無邊無際的群島，群島上有許多邂逅，等著將我們帶往別處。但床也可以是一個與世隔絕的寂寞之地，一個遺憾與缺乏自信的國度。

我認識我先生，放下心防之後，才真正體會到平等的關係帶給身體的享受。我把多年來深藏的心事全都告訴他，他躺在我身旁，靜靜聽著。我這才明白，逃離沉默那麼久，如今竟能覺得沉默如此甜美。你看到這裡可能以為，既然他是我的心靈伴侶，那麼我在沙發上探索身體，想必也會想著他，至少會稍稍想起，鐵定會偶爾想起，但其實我的想像力自有主張。也許這樣做能將我自己從悲慟抽離，但我認為這樣做比較像是依照我自己的意思，宣示我的慾望，與任何男人無關，與他也無關，這對我來說可能是頭一次的體驗。

我誠心問自己，這種反應很常見嗎？一個平日的晚上，我打開我的筆記型電腦，開始尋找與我類似的經歷，卻找不到。大約一小時後，我看見《紐約時報》的一篇文章，標題是「伴侶逝世後，哀悼性愛的消亡」，我點選連結。

我對「性傷慟」一詞並不熟悉，看了覺得很好奇。愛麗絲．拉鐸許（Alice Radosh）博士結褵四十年的丈夫於二〇一三年去世之時，家中的財務、汽車、修繕，她都能應付自如，但幾十年來與另一半共享的魚水之歡就此停擺，讓她很難適應。她從書本找不到關於性傷慟的討論，只好做了遇到這種難題的學者都會做的事：她決定自己寫一本。

拉鐸許是擁有神經心理學博士學位的心理學研究學者，於二〇一六年與其他作者共同發表論文「承認性傷慟的存在：走出悲傷剝奪之路」（'Acknowledging Sexual Bereavement: A Path out of Disenfranchised Grief'）。她訪問了一百零四位五十五歲以上的女性，發現其中百分之七十二認為自己在另一半死後，會想念曾經的魚水之歡，百分之六十七認為自己會想談這個話題，但也有百分之五十七表示，自己不會主動與喪偶的朋友談起這個話題，拉鐸許據此得出以下結論：

「伴侶死後，沉默的文化圍繞著性傷慟的感覺，而且這些感覺沒有經過驗證。在沉默中，這些感覺變成悲傷剝奪，亦即一種未經坦然承認、社會認可、公開分享的悲傷。」

她的經歷與我的截然不同，衍生出的名詞卻讓我頗有共鳴，還真奇妙。我們通常認為喪偶者年紀較大，因為喪偶者的平均年齡**確實**較大。根據英國國家統計局資料，二〇一七年喪偶者的年齡中位數是七十六。我與大多數的喪偶者相差四十一歲，我讀著拉鐸許的研究報告，深深感受到這種年齡差距。我急著想從她的研究報告，找出與我自己的經驗哪怕有一絲絲相關的敘事，就算能與一群年紀夠做我的母親，甚至祖母的喪偶者有共同點也好。可想而知，這樣做只是把我自己推入矛盾且不明確的境地。

我覺得我重新燃起的性慾，確實與拉鐸許筆下的性傷慟有關，但我的性慾似乎是從截然不同的途徑而來，是由一種對於大汗淋漓的肉慾的渴望所推動，與任何的情感無關。我並不是想念我與他的性愛，才又有了性慾，而是受到反方向的吸引，受到另一種悲傷剝奪的吸引，我的性慾重新燃起，卻也感到困惑。

我的雙眼掃視著尖峰時間人擠人的地鐵車廂，尋找身體部位。胳臂特別吸引我的目光。發達的二頭肌、結實的前臂、寬闊的雙肩、靈動的雙手，我一一打量，掂量它們的能耐。我對自己說，**這傢伙能把我抱起來。那傢伙壓在我身上，我只怕要喘不過氣來**。獸性一閃而過，接著是一陣內疚隱然竄窣。我心想，**他會不會聽見啦**？不是那個搭乘銀禧線（Jubilee Line），穿西裝打領帶，靠在欄杆上的男子，而是我所嫁的男人的靈魂，我心中的丈夫。

這種物化是我內心悲慟的分枝，但也是親眼看著頑強疾病摧殘我先生的肉體，也傷及我自己的肉體，所衍生出的心態。在我們努力做人的那些年，我經常留意在我們家附近走動的家庭，一邊排隊等著買外帶咖啡，一邊仔細觀察他們的嬰兒車中，咯咯叫的小寶寶。我喜歡看著身材精實的夫妻，仔細盯著，來回打量著他們鍛鍊過的身體。

有一天早上，我在鄰近的小餐廳大嚼培根三明治，看著身穿運動服的一對男女聊些沒有營養的話，垂涎我所看見的景象。並不是羨慕他們擁有的東西或是特質，而是純粹羨慕他們的身體能免於藥物、發作、注射與手術的折磨。

我的身體已經到了我自己再也不想看，也覺得全天下沒人會想看的地步。大約在我們結婚紀念日，就是我在比斯漢林區度過的那個結婚紀念日的一個月前，我坐在椅子上哭泣，我的諮商師則是默默坐著。她問我，我照鏡子都看見了什麼？我說，我覺得自己的身體七零八落，像是被用盡丟棄的東西。我感覺好累，好憔悴。我說，我是損壞的商品，還有誰會要我？

她說：「妳去挑件內衣。」

我對著溼溼的面紙擤鼻涕，對她說：「真的有這個必要嗎？」

她說：「不買也沒關係，買不買不是練習的重點。我是要妳試穿內衣，試穿的時候在更衣室好好看看妳自己。妳覺得怎樣才叫有魅力？怎樣才好看？妳思考這些問題的時候，不要想著男人。」

一星期後，我在倫敦中區一家百貨公司，跟柔伊一起挑著絲質蕾絲內衣。

我拿著一件繡花胸罩，對著自己比了比，又放回架上，嘆著氣說：「根本浪費錢嘛。穿這個要給誰看？」

她說：「妳看啊。」

那天晚上，我站在臥室裡的全身穿衣鏡前方，問我自己，我看到了什麼？幾小時前，我才在掛著絲絨簾子，泛著簇新地毯的氣味，以及香草與麝香的淡淡木質香氣的豪華更衣室，做過同樣的練習。我的目光掃過我的身體，調整瘦削的雙肩上緊繃的肩帶，拇指伸進與胸罩成套的短內褲的鬆緊帶內側。我**啪**地一聲輕彈內褲的鬆緊帶，鬆緊帶彈在我的皮膚上，發出**砰**的一聲。天花板上的燈光很亮，每一道縐痕，每一處凹陷都無所遁形，所以我瞇著眼睛，側著身子。我心想，**再試試看**，問題是從這個角度，看見的只有一片鱗狀的瘢點，從我的耳下蔓延到我的頸部的角落，再沿著我的背部一路往下。那是皮膚病發作的紅斑，因為焦慮與壓力而更為惡化。

這樣沒用的，至少在這裡沒用。於是我結了帳，把東西帶回家。我把燈光調暗，站得離鏡中的自己稍微遠一點。我看著鏡中的自己，開始練習，在心中細數陪伴我走到今天的每一個身體部位。見識過不少，但還想見識更多的藍色大眼睛。能說會道的胖嘟嘟的嘴。從脖子到肩膀的柔和斜線。我的肩膀就像結實的軀，扛著我的腦袋，還有腦袋裡面的所有東西。細細的腰，往下是喜歡在人行道上嗖嗖搖曳的寬寬臀部。一雙細長的胳臂，摟著我愛的人。那雙粗短的腿是父親給我的，我實在不喜歡，但這雙腿扛著我走過最悲慘的歲月，帶著我走到我現在站著的地方。

我反駁自己先前說過的話，這不是個疲累的身體，而是個有用的身體。鏡中的女人並沒有雙手一攤，眼睜睜看著丈夫死掉，而是盡心盡力延長他的生命，現在她也需要有人幫忙，才能活下去。

我問一位朋友：「為什麼我那麼擅長照顧我愛的人，卻不懂得照顧自己？」

必須改變，我必須改變，**我正在改變**。這股力量似乎推著我走，只是我不知道它要帶著我去哪裡。就好比二〇一九年四月的這個星期四晚上。

我還沒低頭看著手機上的地圖，先轉頭問約翰：「是這裡嗎？」

我們站在一家全素食餐廳，好生尷尬，繞過好幾個茶杯，好幾盤蛋糕，才看見左側有個不太引人注目的簾子，前方有個招牌上寫著：

「女人情趣商店　進來瞧瞧！」

我把簾子推到一邊，走了進去，打量著裡面的玩意與玩具。一櫃子的稀奇玩意，滿滿裝著刺激觸覺的小玩意，微微閃光，很像等著讓人摘取的果凍甜點。子彈型按摩棒、陰蒂刺激按摩器、G點按摩棒、遙控跳蛋、吸吮按摩棒。是這裡沒錯。大約兩星期前，約翰與我坐在我們家附近的酒館。他提到有一家店叫做「震盪」，口號是「歡愉是與生俱來的權利」。這家店是性治療師喬安妮·布蘭克（Joani Blank）於一九七七年在舊金山第二十二與多洛雷斯街創立。約翰在一九九〇年代，曾在舊金山住過一陣子。他還記得那家店的氣氛很友善、提倡性積極，以女性為主。我們就想找找看倫敦有沒有類似的店。東倫敦有一家，藏身在肖迪奇（Shoreditch）一處不起眼的街角。

約翰在店裡的圖書區，翻看一本平裝版的*Sometimes She Lets Me*，那是一本二十二則T／婆色情故事集。我沒打擾看得津津有味的他，獨自慢慢走過幾個展示桌，每個都有不同的主題，非常貼心。我拿起展示桌上的小藝術品，又放下，沉浸在觸摸之中，摸索著，撫摸著那塊光滑柔軟的矽膠，放在我的手掌上，感覺好舒服。

我撫弄著亮綠色的葉片造型按摩棒，客氣的店員問道：「需要介紹嗎？」

我望著店裡另一頭的約翰，他還沉浸在書中的宇宙無法自拔。我又微笑著望著那位女店員。

我說：「我也不知道我要找什麼。」就這樣一句話，我釋放了自己。

當時的我渾然不覺，但用不了多久，我就會再度感受到別人的重量。我的解放並不是為了期待那一刻。我的解放不會是走向別人的套房的前奏。**我的解放屬於我自己，只屬於我一人**。

結束東倫敦購物之行幾週之後，我收到一個包裹，是住在西約克郡的朋友西西莉亞寄來的。我打開厚層信封，拆開一個加了框的照片，是她幾個月前，在她家附近拍攝的。冬天的一棵樹，泰然佇立在山上，裹著厚厚一層白雪，光禿禿的樹枝的正下方有一圈綠色，襯得白雪格外醒目。西西莉亞在隨附的卡片對我說，樹根的溫度從地下往上散播，融化了草地上的雪。有人稱之為「融冰圈」，我看著逐漸融化成水的一圈，也看見自己尚未融化的部分。

第9章

真正想探索的是自己

他問我想要什麼。我說：「探索別人的身體。」但我真正想探索的，其實是自己。我能感覺到的小小動態。原本不存在的刺痛的動覺。一組遙遠的座標，我始終沒有前往，唯恐會遭遇不測，會不舒服，甚至會痛。

快要午夜了。我把喝了一半的尼格羅尼雞尾酒，放在我面前的茶几上，環顧四周，尋找脈絡。閃亮的臉龐、調情的姿勢。金屬檯面、酒吧高腳凳。鬣狗般尖銳的叫聲，接著是齊聲發出的低沉格格笑聲，從嘴巴彈到牆壁，再彈到玻璃，再彈回來。生活的速度放慢，世界濃縮成窗玻璃上的水珠，你就很容易注意到這些偶然的細節。

這是我拿手的：瞇著眼睛，看著風景，將其餘的隔絕在外。每天下午，我先生在病床上小睡，我就在一條又一條消毒過的走廊閒晃，尋找出路。右邊是電梯，左邊是咖世家販賣部，經過出口標誌與等待室，尋找新鮮空氣、嗶嗶叫的車流聲，以及我的 iPhone 螢幕上三格的信號強度。門的嗖嗖聲，一陣強風。我繞過停車場，經過一台台的救護車與疾駛而過的計程車，右轉走到大路上，越過輪椅、點滴瓶、抽著細長香菸的凹陷臉龐，再走向隔壁的公園。有時候我在露天音樂台附近走走，有時候我喜歡坐在樹下。嗡嗡的車流聲撫慰了我的心靈。我的手指滑過草與葉子，目光跟隨著在微風中，飄浮旋轉的一點垃圾。

他問：「別人的身體，還是我的身體？」

那一頭的酒保搖晃著雞尾酒調酒器，我聽見樹葉的窸窣聲。那天晚上的我說不出話，也許本來就沒有話要說，被一堆**別人的、你的、我不知道**給擠掉了。

我大可在隨便一間酒吧，隨便挑個男人，卻偏偏在這一間旅館的高級酒吧，挑了這個人。我也不明白這有什麼意義。當時的我只知道，這是我們幾個月來，隔著幾千英里所追求的。我們坐在三人座沙發上，雖然還是滿腦子的為什麼，心裡卻是清楚的很：只有一條路可走，就是到外面搭電梯，到他的房間去，除此別無他路。

我們置身在這個貧乏無趣的空間。我掃視著這裡的暗處，看著喝醉的人舞動著身體，不時打破這裡的沉悶。四周圍著一圈豪華的絲絨座椅，位於中央的酒吧四周燈光昏暗，與牆上千篇一律的大片裝飾融為一體。兩個女人手上拿著酒，蹦蹦跳跳的，她們的男性友人坐在椅子上旁觀。在我們的右方，一場生日派對正要邁入高潮，嘰嘰喳喳的聲音越來越大聲。講話要是沒人聽，往往就會這樣越來越大聲。我歪著頭，轉向他的身體，這是聽見我們頭上的喇叭，在深夜時分接連轟炸熱門金曲，會有的直覺反應。音樂越來越大聲，他說話我聽得好吃力，有些聽得見，聽不見的就只能算了。

傾身向前，直視，退縮。我說：「我不知道。我只知道我想去哪裡。」有時他與我四目交會，但大多數時候他移開目光。凝結的水珠沿著我的雞尾酒杯的側面往下流淌，在杯底積聚一圈的水。我拿著餐巾擦去那一圈水，再次傾身向前，這次我抬頭與他雙唇交纏，我的雙唇拂過他的皮膚。他是朋友，也是陌生人，而在那個夜晚，在那間離家很遠，介於冰河與融化的冰雪之間的乏味酒吧，我需要朋友，也需要陌生人。

我第一次為一個男人寬衣解帶，他竟然還不在房間裡。

「到樓上去，把衣服脫掉。」他的口氣半是挑逗，半是命令，「我馬上到。」

我靜靜沿著他祖母家的樓梯往上爬，做我覺得該做的事，只是心裡並不痛快，這樣寬衣解帶，感覺好羞恥。我鬆開牛仔褲的鉚釘，聽見樓下廚房水壺裡的水沸騰的聲音。那是一種輕輕的笛聲，偶爾被櫥櫃門砰地關上的聲音打斷。他在泡茶，也許他說過要泡茶，只是我不記得。我把我的衣服摺好，整整齊齊疊放在床腳，思考我在這裡要幹嘛。我該扮演什麼角色？

這房間有霉味，彷彿牆壁吸收了幾十年的菸霧與無聊，發黃變脆，變成容易剝落的硬皮，永遠留住這些。我梳好頭髮，躺在床單與毯子上面。這是他想要的嗎？這是我想要的嗎？我心想，**不，這太扯了**。我感覺自己好暴露，於是鑽到羽絨毯下方，閉上眼睛，努力控制焦慮的念頭。我暗自責怪自己，**都是妳的錯**。我應該跟別人一樣，早點做這件事。我等待著茶匙碰到陶瓷的叮噹聲，接著是運動鞋踏在地毯上的聲音，悶悶的，**砰砰砰**，門咯吱咯吱響，接著是一個眼神，像是在說，**這是妳要獻給我的**？他把兩個馬克杯放在附近的平面上，若無其事地脫去T恤與長褲。那年我十九歲，一心想取悅別人。他也十九歲，卻已經懂得利用我這種人的任性。但我還是有所猶豫，因為雖然我在這條郊區的街上，在這間陳舊的連棟房屋，在一個我迫切想逃離，卻不知該如何逃離的慘澹城鎮無法說出口，但我心裡明白，我其實值得更好的。

他躺在我身上，看著我的眼睛，對我說：「會**很痛**喔。」過了一會兒，確實很痛，但不是那樣的痛，不是他說的那種痛。

我很想說，我的初體驗只是深藏在心底的回憶，不會主動想起，但其實這份記憶多年來一直佔據我的腦袋。一種遙遠的記憶。我很想相信，性行為可以是一種交流，而不是搶奪我的思想控制權的一種爭鬥，但這段回憶總是讓我無法相信。多年來，我總覺得做愛像是權力鬥爭，是一種控制我的方式。有時還真能控制，但大多數時候是我自己內心的疑慮作祟。幽閉恐懼症是很難處理的。我始終不知道該怎麼解決我的這個毛病，所以每一次的性愛，我一旦感覺壓在我身上的肉體，是在粗暴碾壓我覺得還不屬於自己的部位，就會立刻抗拒。

我先生常問我：「妳為什麼一直盯著遠方，妳的魂魄到哪裡去啦？」我的一位前男友也問過這個問題。心不在焉的親暱。多少人發現自己被擋在他人的心房之外，會感到灰心沮喪？我想起我的性愛初體驗，常常思考這個問題。那個十九歲的人，那天晚上不願與我纏綿。也許是我的沉默讓他不知所措，也許是我的表情令他不悅。天曉得，搞不好他聽見了我內心的聲音。無論是什麼原因，總之那天的光景不是他想要的，情意很快也就變了。

他的語氣在惱火的邊緣：「妳不信任我。」他壓在我身上，我只覺得莫名其妙，兩個人怎能如此親近，卻如此疏離？我直視著他，什麼也沒說。他嘆了一口氣，吐盡厭世的心緒，離開我身上，倒在床墊上，又伸手拿床頭櫃上的香菸。

愛與性。情慾與厭棄。這是我們跳的一種舞，兩極之間的拉距，我在青澀時期就明白這個道理。把兩塊磁鐵放得很近，就會相吸或相斥。我在旅館酒吧大口喝尼格羅尼雞尾酒，又小小啜飲一口，思考著這個道理。我憶起一位前男友，我們最後一次上床的情景。我默默點頭表示同意，他把我翻過來，我的臉埋在枕頭裡，因為他已經向現實低頭，再也不想看見我眼裡流露的心事。那是一種羞恥，隨著時間在我的內心擴散，但始終沒有徹底消散。經過那些年，甚至可以說是長成另一種東西，與原先的痛苦截然不同，只能說是一種確切，一種篤定，深藏在我的體內，就在原先被羞恥佔據的地方。

我想，我從來不曾對任何人示愛，從來不曾向任何人展露我的心意。我絕對不曾自信到能採取主動。現在正是改變的好時機。旅館酒吧閃爍著光芒，我的嘴唇先打開，僅僅是做到這樣，我已是興奮不已。幾個月前，有位朋友提醒我，第一次可能不會很享受，我知道他說得對，道理是這樣沒錯。我已經很久沒有那樣滿足過。我與我先生在一起十年，情緒到現在還會上下波動。我不知道現在身為還在哀悼期的寡婦的我，面對性愛會有怎樣的反應。我知道，那天晚上什麼狀況都有可能發生。萬一我崩潰大哭怎麼辦？說不定我會怒氣衝天，大吼大叫。也許我會像十一歲那年，到擠滿了人的教堂，參加祖父的喪禮。我走在走道上，拚命忍住笑，因為眼前的人山人海、頭上的圓頂天花板，還有我內心無比的悲慟，在在讓我難以承受。但我還是覺得，這些劇情並不會真的上演。至少不會在這個晚上，不會在這個人面前上演。我也說不上來原因，我也不想解釋。這種自信讓我好自由。似乎來自一個完全不相干的地方。

四月底，我第一次獨自度過結婚紀念日的幾天之後，我參觀泰德美術館的多蘿西婭．坦寧（Dorothea Tanning）作品展，在她一九四二年的自畫像前停下腳步。我在那裡停留一會兒，閱讀、注視、觀看，走在她的遼闊視野之中。坦寧說，這幅帆布油畫是「無數的門組成的夢境」。她的身體面向我們，莊重的外套釦子是解開的，露出她的胸脯。仔細看她的裙子的裙撐，會發現那不是絲綢，不是絲絨，不是我們認得的任何一種布料，而是細枝還有不斷扭動，未經馴服的細長活物交織而成。但她的身體靜止不動，目光朝外，盯著我們。

看著畫中她所站著的空房間的地板，就會發現她赤裸的雙腳對著一個動物。那動物有一雙翅膀，眼睛是黃色的，爪子卷卷的，耳朵似乎留神聽著什麼。她的左手握著距離最近的球形門把，一道門通往另一道，之後又是另一道，一條沒有盡頭的走廊，一道又一道開著的門。她是剛到這裡，還是正要離開？她是一個人，還是有人回頭望著她？誰也看不出。坦寧談起她的畫作，曾說：「一切都是奇蹟，色彩斑斕，令人著迷，也有生命。一切都在動，在看不見的門（也許不只一道），另一道門後面也在動。」

我坐在床上，鬆開涼鞋的鞋帶，往後倒在被子上，雙手放在床墊的左右兩側。這種姿勢等於全身大字形敞開躺著：雙手手心朝下、肩膀拉開、眼睛朝上，彷彿在說，**我就在這裡。你還在等什麼？趕快讓我享受不一樣的感覺吧**。他跪在我的臀部上方，我放鬆身體，承受他壓在我身上的重量。他的臉埋入我的脖子的角落。這幾個月來，我都在想像這種壓在身上的重量，他的重量，別人的身體壓在我身上，那種結實的力量。

肉體的感覺，讓我知道我還在這裡，還有人看見我，色彩斑斕、令人著迷、還有生命的我。我們以渴求的嘴，滑動的指尖交流。一隻堅實的手在我的雙腿之間撫弄，從我的膝蓋後方，一路摸到我的大腿的線條。我拉著他的手往上探索，任由那隻手急切揉按。速度、力量、動作。這是我渴求的，是我招來的，我還要更多。要到哪裡去，接下來是什麼？**抱我這邊，揉我這裡**。他抓我的頭髮，我拉回來，感覺到那股阻力。我解開圍裹裙的束帶，彷彿蛻去一層皮。

一星期後，我的雙腿夾住他的雙腿。閉著眼，下體靠攏，張著嘴。他把我抱起，從床上抱起來。我刻意讓身體往下墜，感覺到他的一雙前臂摟住我的力量。我的雙腳懸垂在兩邊。我也感覺到我的腹肌的力量，起起伏伏，伴隨著咕嘟、咕嘟、咕嘟的聲響，填滿了我其他的部位。我的膝蓋夾緊他的腰，感受雙腿之間的脈動，時強時弱。這九個月來，我支撐著自己的身體，現在有人代勞，雖然只有幾小時，但就在這短短幾小時，我感覺自己好輕盈，好完整。

放鬆，釋放，**帶他進來**。

我喜歡由他安排我的姿勢，最喜歡在他身下。他洞悉我的心思，總能猜到我接下來要的是什麼。我們就像兩個無處安身的游牧民，在床上四處流浪。按住我的手腕，抬起我的那條腿，把我壓下去。我要他拿去，通通拿去：我的身體，悲傷，這種一灘死水的停滯。我們弄皺了床單，我的一隻腳搭在他的背上，來回搖晃著，緊張又輕鬆。我心想，**通通拿去，變出新花樣吧**。彷彿有兩道平行的電流環繞著我的腰，刺激的感覺一路往下，在大腿蔓延開來。想像一下，身體的核心被蜘蛛絲穿透，整個人被捆住。再想像有人在你的頭上捏住蜘蛛絲的一端，朝著天花板往上拉，越拉越高。蜘蛛絲越拉越長，你的脊椎骨也越拉越長。然後重來一次，方向顛倒。蜘蛛絲從我的耳垂，輕輕順著我的背一路顫動著往下，往上翻過，往下竄過，越過肌腱與肌肉，最後纏住我的大腳趾，越纏越緊。

我感覺到樹根在我體內分岔，每一次轉動，每一次纏繞都會擴散。我覺得我的身體被延展、按壓，又像被人觸摸檢查。有人在使用我的身體，在享受我的身體，我的五臟六腑因為攪動而激動，發熱。那是一種我已遺忘的感覺。哼哼唧唧。皮膚下方的耳語。有這些感覺相伴，言語顯得多餘。我心想，**不要，我不要破壞這裡的氣氛**。從固態到液態，又從液態回歸固態。我拿起地上的內衣，躺在床上，一語不發，注視著眼前關著的窗戶。外頭隱約傳來車流與行人嘟嘟響，顫聲叫。我讓自己完全沉浸在此刻感官的感受：觸覺、視覺、味覺。他光滑的皮膚、床單上的汗水、我的舌頭上的鹹味。我想繼續，再繼續，再繼續。但我們的身體一停下，牆壁似乎開始動，不斷逼近，推進界線，縮小整個空間。

他說：「我不住在這裡。」我說：「我知道。」其實我真正想說的是，**我也不住在這裡。我迷失了，難過得很，不知道哪裡才是我該去的地方**。

你為什麼不聽我說。帶我去別的地方。

我走進浴室，關上門，打開水龍頭，雙手手腕浸入冷水，再看著水涓涓流入下方的洗手台。我望向右方，拿起幾瓶尚未開啟的免費盥洗用品，包裝很精美，布置很仔細。我看著閃閃發亮的蓋子，還有與蓋子相配的標籤，感覺這就代表這間一塵不染的房間裡，那種整齊與一致。這裡的一切都好清新，完美無瑕。表面亮亮的，毛巾有雪松的香氣，但我看著鏡子，鏡中的倒影卻完全是另外一回事。我的兩根手指比出小小的敬禮手勢，按摩著我的牙齦。沒有牙刷，又想維護口腔衛生，只能這樣湊合了。我的瀏海跑上去了，我把它壓下去，它又往上翹，好像在說，**妳真是蠢到家了，我愛怎樣就怎樣**。我下一個對付的是顴骨上的睫毛膏痕跡。我拿了一張衛生紙，摺成小小的三角形，一邊沾口水，一邊輕輕擦去眼睛下方的睫毛膏痕跡。

我回到浴室旁的床，看見皺巴巴的白色床單上，有一抹淡淡的經血汙漬，是昨晚蛻皮殘留的痕跡。他的手提箱立在角落，我的外套掛在門後。我為什麼又到這裡來，又為什麼不能離去？這個房間裡什麼是真的，什麼又是幻想？我挑了一個離我最遠的人，我也清楚他與我之間的距離，我知道他會離開。也許我這樣做，就是因為知道他會離開。我不只一次這樣，而是好幾次。有時我也納悶，我是不是非得回來，才能確認我認為終將發生的事情，確實會發生。我覺得離去是合理的。他來了，他走了，床上的我一動也不動凝視著，想像著一道又一道，無休無止的門。

在粗糙的日光中，我拿起外套，離開旅館，走到公車站。寒風凜冽，我把外套的繫帶用力打了結，紮得緊緊的。早上七點三十分，路上空無一人，人行道空蕩蕩的，只有兩位吹著口哨的清潔人員，把菸蒂跟啤酒罐掃進清潔推車裡。

雙層巴士總算緩緩駛入我的視線。我把轉帳卡對著驗票機嗶了一下，到前面的位子坐下。我的嘴裡乾乾的，心裡很空虛。我動了動舌頭，來回舔了舔牙齒，想抹去昨晚殘存的痕跡，卻怎麼也抹不去。

我拿鑰匙打開家的大門，直接衝向浴室，脫掉衣服，爬進浴缸。只要站對位置，水柱就會直接打到你頭上。水柱一分為二，聽起來就像鼓中的雷聲。水珠沿著我的手臂往下，我拿著海綿擦去。我把頭髮抹上洗髮精，用手指洗頭之後沖水，聽見頭髮吱吱作響。我看見泡沫水在我的腳趾旁形成一個漩渦，消失在排水孔。我伸手拿毛巾，一隻手直覺握住了安裝在浴缸邊緣的陶瓷磁磚上，安全扶手的塑膠凹痕。一摸到就往後退。

他曾說：「我不要這個。」可是想不想要跟需不需要是兩回事。話語迴盪在水落下的聲音。我動了動水龍頭的手把，啪嗒啪嗒的聲音停止了。

啪嗒啪嗒永遠不會停。思緒不是用手把就能控制的，不是拉起就能**打開**，按下就能**關掉**。現實很少是詩意的。有時一道門就只是一道門。你在不屬於你的床上醒來，椎心刺骨的寂寞感襲來，你會希望迎面而來的是別的東西。但是門把轉動，男人轉身離去，走廊引著你循著原路回去。

我不知道我為何要把令我傷心的東西藏起來，藏在我的心旁邊的空洞裡，不讓別人看見，也不讓自己看見。我覺得應該跟恐懼有關係，害怕自己暴露，害怕被看見，也許這兩種恐懼是一樣的，也許不一樣。我經歷了這麼多，卻也仍然不知道那究竟是什麼。

第四部：風

我們說故事給自己聽，好讓自己活下去。

——瓊．蒂蒂安，*The White Album*，一九七九年

第10章

說故事是為了存活下去

從廚房窗戶往外看，看見草地、樹木，還有天空，那天空遼闊到我的相機鏡頭都裝不下。大朵大朵的紫雲，在粉藍色天空上方移動、盤旋，天空之下是林地的輪廓，彷彿刻在地平線上。一片血橙色、螢光黃色，還有耀眼的白光，在遠方照耀著。熾烈燃燒的一輪落日。

我伸手拿起酒杯，啜飲一口氣泡酒，開著玩笑說：「行了。」我的朋友西莉亞把油汙的盤子放入水槽，一一清洗乾淨，堆在她的愛貓艾希絲身旁。艾希絲正在例行巡邏牠的地盤。牠的身軀柔軟靈巧，自己也頗為自得。巡視著櫥櫃與工作台，儼然一副巡視自家城池的模樣。繞過一汪汪的肥皂水，用爪子探探被丟棄的抹布，看了看被剝下丟棄的蔬菜，又跳到地上，大搖大擺離去。

我看著西莉亞收拾鍋碗瓢盆，想起了我的外祖母一直活在我心中的模樣。小時候的我，常常在遠處看著她：背對著我，彎腰駝背，一雙手忙著做事，一邊切菜、說話、刷洗。從外祖母家廚房窗戶往外看，可以看見一條鐵路線。外祖母位於公寓頂樓的家，總能聽見通勤列車行駛的嘩啦響、尖聲響，衝向某個未知的目的地。我想，外祖母刷洗著陶器，說著那些她想去瞧瞧，卻始終沒去過的地方，不曉得她可曾想過，窗外的火車開往何處？

外祖母跟我說的每一則睡前故事，總是從一條通往林間的路徑開始。我看著西莉亞家前方的草坪，一條窄窄的步道，將草坪一分為二，通往草坪後方的昏暗樹叢，伸向令人目眩的光，把視線引向其他地方。至少外祖母每次都是這樣跟我說的，那條路通往某個地方。說了那麼多睡前故事，我卻一無與她同遊的記憶，一次也沒有。說來奇怪，因為我每次想起她，耳邊總傳來鐵軌震動的聲音。

回憶與感覺，並不見得會連成一條完美的紙環鏈。我在這九個月，累積了一些新紙環，只是不知道該怎麼與過往的人生，連結成像樣的鏈條。現在是六月，我處於空前的困惑。也許正因如此，我才會又出現在機場，搭上飛機，這次要前往西班牙西北部的聖地亞哥德孔波斯特拉（Santiago de Compostela）。幾個月前，西莉亞從安達魯西亞崎嶇的山峰，移居到加利西亞清新蒼翠的河谷，在拉科魯尼亞（A Coruña）安靜偏僻的一隅租屋而居。這裡有農地、樹梢，還有下著細雨的雲朵環繞，因此空氣中有一種土壤的香氣，一九六〇年代的兩位科學家，將這種香氣命名為 petrichor，意思是下雨時泥土的香氣。Petrichor 一字很有神話色彩，有一部分源自希臘字 ichor，意思是眾神體內的金色血液。

我跟外祖母一樣尋找故事，但我的故事就在那年夏天逐漸離我遠去，我知道所有的故事終究會離去。我匆匆走過候機室，心中的怒火與搭飛機沒什麼關係。我對著等候安檢的長長人龍生氣，對著閒晃的旅客發出嘖嘖聲。我覺得那些人沒事瞎晃，是存心擋我的路。有位女士在我前面悠哉漫步，跟她丈夫聊著刺蝟。我快步走過他們身邊，還故意嘆一口氣表達不耐。其實我並沒有急著要去哪裡，也不是急著要搭飛機。我怒不可遏，卻似乎渾然不覺。這種感覺是最可怕的，因為往往你碰到一點小事，就將情緒像手榴彈一樣，丟擲出去，還會轟炸毫不相干，毫無戒備的路人，就只為了發洩、驅離這種感覺。我把手伸進隨身行李，要找著我的 iPhone 充電器，卻只抽出情趣按摩棒的電線。

我站在熙熙攘攘的機場大廳，傳訊息給柔伊：「我剛發現我帶的是按摩棒的 USB，不是 iPhone 充電器。妳記不記得，就是那個壞掉的按摩棒？天底下還有比這更佛洛伊德的事情嗎？」

我坐在候機室，把包包放在地上。我整個人開始崩潰。

我把我自己從旅館那張床挖起來的幾天之後，我的朋友對我說：「妳覺得很享受就沒關係。」

我說：「享受什麼？」其實我很清楚她說的是什麼。

我聽見腦海裡面一陣急促的對話，是一個版本的我，跟另一個版本對話。但我聽了半天，也聽不到什麼答案。我以為性愛至少能給我一個答案，結果反而讓我更懷疑自己，更質疑我所做的決定。我讓另一個人走進我的生命，我勇於嘗試新的想法。現在我坐在另一間候機室的另一張不舒適的椅子上，問我自己，究竟怎樣才會改變。我最近看到，水棲蠑螈即使受傷斷肢，還是能長出新的肢體，一個細胞又一個細胞慢慢長回來。有位科學家說，人類也可以模仿這種修復過程。

蠑螈甚至可以重新長出心臟組織，將心肌細胞在肌肉層交織、重組。心臟都可以重生，太神奇了。

我一邊等著登機廣播，一邊在恍惚中，將頭戴式耳機的線繞在手指上，一圈又一圈。我的目光跟隨著兩架飛機，一架起飛，另一架降落。鋁製的翅膀在斑斑點點的天空交叉。我以前在醫院的停車場，也會一邊吃著午餐，一邊仰望天空。我坐在牆上，仰望著從左邊延伸到右邊的天空，目光跟隨著飛機雲，瞇著眼睛看著逐漸消失的一點一點飛機雲殘跡。有時候與其順著自己的思路，思考喪偶之後獨活的意義，還不如凝視著天上的飛機雲，比較輕鬆。

非自願離開還算遺棄嗎？確實感覺很像，只是我一直到現在，才去思考遺棄的形式與重要性。誰想被遺棄？誰想承擔被遺棄的痛苦？遺棄是童話故事中最古老的比喻。格林兄弟美化了遺棄。安潔拉・卡特顛覆了遺棄。狄更斯（Charles Dickens）則是給遺棄穿上有褶層的陳腐緞子、花邊，以及絲綢。在他的小說《孤星血淚》（*Great Expectations*），一位被未婚夫拋棄的老姑娘坐在破敗的宅邸，無視時間流逝，任由時間蠶食披著白色長頭紗，戴著幾件珠寶的她。

年輕的皮普初見郝薇香小姐，第一眼看到的是一尊蠟像，也是一副骨骸。眼前的塵灰、蠟像與骨頭，讓他又是著迷，又是反感。賽提斯宅邸沒有一個能走的時鐘，陳腐的郝薇香小姐的新娘裝束始終未完成，只穿了一隻鞋子，另一隻放在結滿蜘蛛網的宴會桌上，旁邊擺著沒動過的結婚蛋糕，離她那隻半月形的乾癟的手很近。

她雙手交疊，放在她的左胸上，對皮普說：「你曉得我摸的是哪裡嗎？」

「曉得。」

「我摸的是哪裡？」

「妳的心。」

「碎了！」

受創的心若是能通往你放不下的過往，完好的心又豈能再生？在電視版的《孤星血淚》，郝薇香小姐的形象幾乎總是較為年長，但原版小說的郝薇香小姐才三十五歲左右，跟我差不多。改編作品將郝薇香小姐的年齡刻意拉高，這代表在描寫悲慟，更具體的是描寫一個女人的傷痛的影視作品中，年齡與性別究竟扮演什麼樣的角色？也許把郝薇香小姐塑造得年老一些，她的怨毒就顯得更合理，比較不具威脅性，也更容易以誇張手法呈現。但我覺得把她塑造得老一些，比較像是迎合男性幻想出來的郝薇香小姐。一個女人承受不了失去愛情的打擊，徹底崩潰，把餘生獻給這一個男人，就這一個男人。影視作品刻意將郝薇香小姐塑造成老女人，不只是強調，簡直是放大了這種女性特有的忠誠。因為我們從她灰白的頭髮、起皺的肌膚，可以清楚**看見**每十年的流逝。她是一個完美的化身，代表一個一直等待、一直等待，直到再也來不及回頭的女人。她是被遺棄女人的處女化崇拜象徵，符合一種非常不合時宜的維多利亞時代刻板印象。

據說狄更斯筆下陰森的郝薇香小姐，是依據真實人物改編，範本是澳洲雪梨新鎮（Newtown）一位三十歲的女性。這是未經證實的說法，伴隨著未經證實的心碎故事。又是一個一直等待，一直等待的女性，被處女化又捧上神壇。伊萊莎・多尼索恩（Eliza Donnithorne）一八二一年生於好望角（Cape of Good Hope）。婚禮當天早上，她在早晨宴會等待她的未婚夫，結果未婚夫始終沒有現身。以上這些是事實。如果你跟我一樣，在 Google 搜尋她的名字，你會發現維基百科網頁將她的職業列為「隱居者」。沒有事實根據的故事就從這裡開始。她當了三十年的隱士，至少傳說是這麼說的。

相傳那天賓客離去之後，她拉下窗簾，將自家前門用鐵鍊鎖住。從此做個終年身穿新娘禮服的隱士。澳洲當地一家報社在她去世六十年後是這麼說的：「這位女士心中的希望已死」。但你若問我怎麼想，我覺得這又是虛構，因為怎麼可能去證實一個人心中的希望已死？絕望是沒有墓碑的，沒人會幫絕望驗屍。

安潔拉．卡特在她的 *Book of Fairy Tales*，將故事比喻為四處散落，自行生長的種子。會如此比喻，不是因為我們每個人的經歷都一樣，而是因為「故事是可攜帶的」。**我們把故事帶著走**，故事是「人們離家所攜帶的無形行李的一部分」。我一邊等飛機，一邊思考這個道理。郝薇香小姐從未做過寡婦，但實質上就是個寡婦。我覺得我無論走到哪裡，這個奇怪的女人總是停駐在我心中的某個角落：讓人失去力量的悲慟的縮小的輪廓，逐漸瓦解成粉末，一個我不想成為的女性形象。

我究竟該不該把這個鬼故事帶在身上？我又不是被拋棄，我先生是不得不離開人世，但這種痛苦的感覺，卻是相似得出奇。我害怕我自己的弱點，所以刻意不看。我把我的新娘禮服放逐到我媽家，她把禮服連同放在鞋盒裡的老照片，還有我爸的外套與襯衫，全都收進我兒時的衣櫥，藏得不見天日。我也想禁錮我的感覺，但總有個期限，不可能永遠禁錮。在這一刻之前，我長久以來最大的願望其實很簡單：我不要別人的憐憫，我不想成為悲慟的化身。

但是聽了這麼久的故事，想不受影響可真不容易。當時的我是與語言及敘事的極限搏鬥，與我從小到大被動吸收的故事情節搏鬥，就是那些性別歧視的比喻：被俘虜的公主、會吃人的巫女，還有被冷落的繼母的故事。被拋棄的女人，只是同一個主題的另一種變化。想想荷馬筆下痴情的潘妮洛碧（Penelope），是女性堅毅與忠於婚姻的不朽典範。她用織布機織布，將追求者拒於門外，一心等待離家多年，音訊全無的丈夫奧德修斯回到她身邊。奧德修斯當然還是回到她身邊，荷馬簡直像是存心獎勵筆下人物的忠貞、美德、幽雅。我們尊崇具有這些特質的女性，也讚美那些展露悲慟的女性。常有人誇我沉著、大氣，這種讚美聽在我耳裡，是既欣慰又生氣。雖然我很喜歡這種「穩重即是堅毅」的形象，但這種形象卻也框住了我。我破碎的心再也裝不下雜七雜八的東西。

有時我刻意營造這種形象，有時卻又屏棄這種形象，覺得自己的喪慟被其他人物化。我為我的三十六歲生日，買了一件裙擺及地的銀色洋裝，隨著暴龍樂團（T.Rex）撩人的樂聲，在舞池旋轉著，與好友高聲談笑，上下跳動，彷彿每次蹬著地板，都在將被拋棄的老姑娘的概念，還有她身上陳腐的蕾絲，全都打入我腳下的混凝土地面。那件銀色洋裝，只是我扮演不同角色幾小時的另一個途徑，就像我為了他的喪禮，特意買的那雙紅色靴子。它們是符號，代表我不是一個能被約束的寡婦。這種敘事給了我希望，我想起他住院的時候，我開始閱讀的那些顛覆感十足的現代童話。例如安潔拉．卡特的「一群狼」（'The Company of Wolves'）。她筆下戴著紅色風帽的女子，在森林中嘲笑對她圖謀不軌的一群狼，接著脫去身上的衣服，扔進火裡。可是，一個寡婦要怎麼跟兇惡的野狼打情罵俏，又不顯得自己精神有問題，甚至麻木不仁？我在那舞池上旋轉著，這個問題在我腦中揮之不去。

陽光終於穿透清晨的薄霧，我拉開窗簾，打開臥室的窗戶。我先聽見西莉亞的聲音，又看見她奔跑著。

她喊著：「羅蜜歐！羅蜜歐！」門砰地在她身後關上，我靠著樓上的窗框，那窗框被震得咯咯作響。

我看著她快步跑過花園，跑向屋前的柵門。她越過長得高高的草，跑到人行道上，身上的晨袍在她身後飄動。她跑過她的家與對面茂密的林地之間的一條路，身影消失在高高的松樹林中。幾分鐘過去了，接著又是十分鐘過去了，我看見她的身影從茂密的樹叢出現，懷裡抱著一隻貓，那貓身上的毛亂蓬蓬的。這一天，羅蜜歐就在門口晃蕩，在門檻徘徊，舔著牠受傷的爪子。西莉亞發現牠困在荊棘堆裡，凍僵的身體動彈不得。羅蜜歐在她的拯救之下順利脫身，但西莉亞不得不用力拉扯幾下。獲救之後的羅蜜歐一頭霧水，緊張不安。那天到了後來，我坐在屋外的凳子上，看見牠蹲伏在花盆後面，抬頭凝視著我，眼裡盡是不安。我輕輕撫摸著牠的下巴下方，啜飲著酒，望著吸引一隻貓勇闖未知世界的樹梢，心想，我們倆是一樣的。

我們打造自己的故事，讓故事飛入空中。故事在我們身邊飄盪，與花粉、孢子一同飄動，乘著微風往上飛。我相信羅蜜歐的勇闖森林，確實能帶給我一些啟示，就好比我也相信郝薇香小姐的故事，對我來說是一種警惕。他的第一個忌日快到了，我一心專注在貓還有結婚禮服上，因為我不想承認現實。那是我害怕的里程碑。這一年有好幾個第一次，聖誕節、新年、我的生日，不久之後便是他的生日，我們的結婚紀念日，現在這一年即將結束，我感覺很焦慮，不知道接下來會怎樣，彷彿沙漏裡的沙即將流盡，該把沙漏顛倒過來，重新計時。

我武裝自己這麼些年，我身上的盔甲也開始出現裂縫。我不再只是想念我先生，我還想念有人碰觸的感覺，但那種肉體的感覺，卻讓我不僅覺得孤單，還是超乎想像的孤單。

我的心情開始激盪起伏，波動的程度一如前一年，時而高峰，時而低谷。我的孀居生活都快滿兩年了，實在很難接受這個樣子。這個階段的我應該很堅強，而不是跌跌撞撞，望著天空尋求答案，從每一陣風聽見低語聲。

幾個禮拜前，我的諮商師說得一針見血：「凱特，葛萊美獎沒有最佳悲慟獎。」我聽了好生尷尬。會那麼尷尬，是因為她說得對。我知道天底下沒有所謂的正確的悲慟，但我一直挑剔自己，因為事態發展並不如我所願。我並不是期待能有個美滿的結局，我還沒樂天到那種地步，但我希望能有一條向上提升的路，帶領我遠離悲慟，逐漸開展身為一個開明的遺孀的新人生。我盼望能有一個高高的瞭望台，我能站在有利的位置向外望，對自己說：是的，那是以前的我，看看現在的我是多麼脫胎換骨。

編劇約翰．約克（John Yorke）在介紹說故事方法的著作 *Into the Woods*，探討這三個階段：鋪陳、衝突、解決。乍看之下似乎很混亂的結構，其實在表面之下，是一種碎形正在成形：「是自由與混亂的表象之下，一個出奇井然有序的世界」。我吸收故事，既是為了存在於我的經歷，也是為了逃離我的經歷。現在的我滿心困惑，因為幻想與真實不相符。我的人生的這種井然有序的結構在哪裡？我再也不知道我的人生重心在哪裡。我的人生目標是什麼？這樣說聽起來也許很奇怪，但我是從延續六年的疾病造成的創傷，找到了結構。創傷沒了，結構也就沒了。我覺得我有時候還會懷念，懷念那種恐懼，彷彿是我的身體對恐懼上了癮，那種癮就像尼古丁。我曾經戲稱，我最擅長混亂，但萬一真是如此怎麼辦？萬一我真的比較喜歡混亂無序怎麼辦？

真相是我覺得我應付不了日常生活，因為我理不出日常生活的頭緒。前一分鐘你趴跪在超級市場的地上，哀求你的丈夫別死，下一分鐘你就在同一家超級市場的熟食櫃臺，只是時間已經過了三年，你的丈夫已經死了，你對著森寶利（Sainsbury's）超市的員工大吼，因為他們預先包裝好的肉品，沒有一個是一人份的。

幾年來，我一直處在必須隨時應付緊急事件的狀態。我工作的時候，手機就放在筆電旁邊。他的病一旦又發作，我就得放下每天的例行作業。我整個人圍繞著一個目標打轉，一個目標耗盡我所有的心力，全心全力為了活下去而拚搏。大腦腫瘤正在戕害你愛的人，你沒有多少時間，也沒有多少空間，去思考你自己的自我意識的複雜內容。我肩上扛的兩項重責大任，是保護與維持，長久以來我這個女人，還有別人看見的我這個妻子，也就只有這兩項責任，再沒有別的。

一個人遇到特殊情況，能發揮超人般的能力，旁觀者看了會以為此人無所不能。這種能力還有一個名詞，叫做超人潛能（hysterical strength），意思是尋常人在生死攸關的情況，所做出的非凡壯舉。《無敵浩克》（*The Incredible Hulk*）的創作者之一傑克・克比（Jack Kirby）曾說，這個超級英雄的創作靈感，來自他某一天親眼看見一位母親抬起汽車底盤，救出困在底盤下方的孩子。

在我們身邊的人看來，我先生跟我就像一個全身綠色的巨人歌利亞，徒手舉起四千磅重的吉普車那樣，充滿超人的神力。但這種力大無窮的神話，其實是腎上腺素的傑作。我又不能控制這種生理機制，所以也不敢居功。大部分的事情都是我的腎上腺做的。要是不必對抗腫瘤，也就不必如此神勇，我就比較有可能失敗，至少我是這麼想的。我也很好奇，大家要是知道實情，又會怎麼看我？我每天晚上一定要檢查爐盤的開關，而且不是一次，也不是兩次，而是三次，不然就睡不著。我連「癌症」兩個字都說不出口，因為這兩個字在我嘴裡酸酸的，像發酸結塊的牛奶。有時候我睡不著，還會打自己的臉。我獨自生活了八個月，還是無法在廚房桌邊吃晚飯。我還把印表機砸碎在廚房地上，就只因為墨水用完了。

我在等待，等待我終究再也得體不下去的一天。我歷經了這麼多改變人生的可怕難關，都一一挺過來了，怎麼現在卻被平凡瑣事難倒？我覺得好荒唐。我簡直像一個解甲歸田的游擊隊員，舒舒服服待在家裡，卻被一張紙割破皮大出血。我能叫救護車，能應對癲癇發作，也承受得了體外人工受精的注射，卻不知該如何應對平庸單調的尋常日子。他生病的那些日子，我祈求生活能恢復平靜，現在總算又過上平靜無波的尋常日子了，我卻不知所措。

我厭倦了這樣，生活除了活著沒有別的。心碎之後的心痛，是你渴望，卻難以想像的，但是你就是會渴望，得不到晚上就難以成眠。你欲求不滿。你想要被拉扯、揉捏。想要被一雙手扔進去，身體被拉直，綿綿軟軟的，被往下壓，向外拉扯。然後又被摺疊，扭轉，直到你的肌腱像橡皮筋一樣被拉長。我渴望活動、動力，甚至渴望被挑釁。我在旅館的被單下輕撫著新的肌膚，確實得到了這些，但滿足感並不長久。

我回到英國，諮商師對我說：「妳很憤怒。」

我答道：「是嗎？」

「是的，而且妳還不知道該怎麼辦。」

第11章

越過一條看不見的線

曾經有人對我說，「愛」是動詞。會這麼說顯然是受到強烈衝擊（Massive Attack）樂團的影響。我第一次見到理查．拉特克利夫（Richard Ratcliffe）是在二〇一七年，在南肯辛頓的伊朗大使館外面。那時是我先生去世的整整一年前。他馬上安排我辦正事，遞給我一枝粉筆，叫我把他妻子的名字，寫在外面的人行道上。附近的一棵樹上，一條金色的緞帶繫著一堆黃色的氣球。白晝漸退，薄暮降臨，一位年輕母親與孩子的幾張照片擺在柏油路上，四周點燃了象徵掛念的燭火，也擺放著小小的掛鎖。我拿出口述錄音機，開始錄音。

我問：「這樣的守夜有用嗎？」

理查默默想了一會兒才回答。

「無所謂，」他答道，「我知道這是納扎寧想要的。她要知道我站在她這邊。」

我奉派前往肯辛頓公園（Kensington Gardens），報導一則心碎的故事。十八個月前，理查的妻子，擁有英國與伊朗雙重國籍的納扎寧·扎加里-拉特克利夫（Nazanin Zaghari-Ratcliffe），在德黑蘭的伊瑪目何梅尼國際機場（Imam Khomeini airport），被伊朗的菁英革命衛隊的成員逮捕。當時她正帶著兩歲的女兒，要登上返回倫敦的班機。持有雙重國籍護照的納扎寧，是帶著女兒凱碧歐拉與外祖父母首次相見。我第一次見到理查那天，他已經整整五百四十四天沒有見到妻女。納扎寧是因「不特定」的罪名遭到監禁，被送往德黑蘭西北區的埃溫監獄（Evin Prison）。誰也不知道理查何時才能再見到妻女。

他從口袋裡拿出一個小小的木雕作品給我看，輕聲說道：「這是她做的。」我低頭看著他呈杯狀的一隻手，看出那木雕的造型：兩個人輕輕抱著他們的孩子，兩雙手緊緊扣著，母親的秀髮圍繞著一家三口，彷彿葛飾北齋浮世繪作品裡的海浪。

理查微笑著對我說：「這是我，那是她，那是凱碧歐拉。」

納扎寧創作這個作品，是要當成父親節獻禮。

一個大使館的停車場，能承載多少關於失落的故事？這次訪談的前一天，我先生與我才花了四百五十鎊進行人工授精療程，最終卻是失敗收場。人工授精是一種侵入程度較低的生育療法，是在月經週期子宮受孕機率最高的時候，將清洗過的精子，直接注入子宮。這是一種精準的科學，仍然需要陰道掃描、激素注射，以及可彎曲導管。這還叫做侵入性較低，那怎樣才叫侵入性高呢？十天前，我先生才完成最近一次的化療。三次療程，一次二十八天，使用的是一種叫做帝盟多（Temozolomide）的藥物。說來諷刺，這種藥物更容易引發癲癇發作，還會讓他精疲力盡、噁心、呼吸困難。

有些報導任務會讓你難以忘懷。我當時還不知道，但從那天起，我開始密切跟進理查夫婦的後續消息，接連又寫了幾篇報導，最後一篇是二〇一八年五月交稿，我先生去世僅僅三個月前。他們的分離讓我深有共鳴，我在理查身上看到的那種希望與失落交加的情緒，讓我忍不住一而再，再而三回顧，因為簡直就像我內心的寫照。

我抵達拉科魯尼亞的隔天，理查在伊朗大使館外面展開絕食抗議。我在西莉亞位於西班牙的家，掌握最新進度，發簡訊給理查。日子一天天過去，自願絕食的理查越來越佔據我的心思。我飛回倫敦的那天早上，叫了計程車回家，把手提行李扔在廚房，馬上又出門，坐上倫敦地鐵區域線空蕩蕩的車廂，前往西倫敦。這次不必寫報導，不必打開口述錄音機，不必交稿給編輯。我跨越了一條隱形的界線，現在的我是個見證者，不是報導者，觀察周遭的瑣事，卻不知道該把這些放在何處，就好比我也不知道，該把吞噬我的悲慟置於何處。

理查絕食的那兩星期，我大多數日子都去探望他。日子一天天過去，金屬柵欄上貼著越來越多五顏六色的便利貼，是憂心忡忡的訪客所留下的話語。伊朗大使館的官員架設了金屬的波紋狀柵欄。又是一個並非自願的分離。只是這一次有人看見，有人拍下照片。一個有形的象徵，鑲嵌了**希望**、**釋放**、**回家**、**力量**之類的詞彙。

有一天早上，我看著一位心煩意亂的國會議員，一臉不耐看著錶，身旁圍繞的幾位助理則是忙著滑手機。議員的身後是一位女士，走了幾小時的路程專程來此。她在報紙上看到理查的困境，覺得非得親自到倫敦致意不可。她站在便利貼拼湊而成的祭壇旁，從左邊讀到右邊，流下真誠的淚水。她是前來聖地的朝聖者。在這個聖地，悲慟露宿在兩人用的露營帳篷裡。

大多數的日子，我站著旁觀，專注看著坐在我前方，日漸消瘦的身體。那張臉越來越憔悴枯槁，卻流露一種不屈不撓的堅毅，我看了不覺得可憐，只覺得敬畏，佩服他如此主導自己的故事，要求其他人非聽不可。如果你在那個禮拜問我，愛看起來像什麼，我會回答，愛就坐在那張摺疊式野餐椅。有時我看著愛那憔悴的模樣，感覺自己殘破的心一牽一牽痛著。我刻意迴避，因為我不知道該怎麼解釋臉上的淚。破碎的心是易碎品，但我知道我那圓錐體的器官，是由肌肉、肌腱、血液組成。你可以將心臟組織切片，但心臟組織不會斷成兩半。心臟不是玻璃材質，也不會像木頭一樣漂浮。我的心室之間沒有縫隙，但我日復一日站在大使館外的柏油路上，卻感覺到微風在我的心室之間飄動，猶如薄紗。

你覺得你做的任何事情，都有一個裂口，這該如何以言語形容？我審核一篇最近刊出的大報文章，要求把「靈魂伴侶」一詞，從照片的說明文字拿掉，自己也說不上來為何要這樣。「靈魂伴侶」是一種類別的名稱，讓我覺得很沉重，而且說老實話，我連這四個字是什麼意思都不知道。一如往常，我一覺得不安，就會進一步研究。我開始閱讀有關終生不會更換伴侶的動物的資料。獨自哀悼的鵜。從不離群的郊狼。以同步的二重唱呼喚彼此的沙丘鶴。瘤鵠的英文是 **mute swans**，字面上的意思是「啞巴天鵝」。會有這種名字，是因為與其他品種的天鵝相比，瘤鵠比較不會叫，但我聽過一隻瘤鵠大聲呼喚死去的伴侶，一種尖厲的吱吱叫，只是沒有另一聲號叫，能撫慰牠悲痛的心靈。

你發現你曾對自己說的故事全都沒道理，該怎麼辦？一九六八年夏季，瓊・蒂蒂安感到眩暈、噁心，很難掌握概念與現實之間的薄弱界線。於是她前往聖約翰醫院的精神病門診。她才榮獲《洛杉磯時報》評選為「年度最佳女性」。十二個月後，一群激進的嬉皮將在洛杉磯作亂，殘忍殺害九個人，為定義含糊不清的「愛的十年」，劃下血腥的句點。十一年後，也就是一九七九年，她的散文集 *The White Album* 出版，開頭的幾章有一種山雨欲來風滿樓的預感。這是蒂蒂安事後回顧所寫下的預感，也成為她自己的故事的一部分，概念與現實聯手，助她說出自己的故事，就在她開始質疑自己的敘事線的時候。

她寫道：「我應該要有劇本，但不曉得被我亂放在哪裡。我應該要能聽見提示，卻再也聽不見。我應該要知道情節，可是我只知道我看見的：各種順序排列的閃現的影像。這些影像除了暫時的排列之外，沒有任何『意義』。不是一部電影，而是在剪接室會看見的東西。」

我的生活就像蒂蒂安的生活，成了散落在我家廚房桌上的一堆拍立得照片，一堆堆混雜的回憶，要整理好可能得用上一輩子的時間。我面對海量的照片，幾無招架之力。於是我開始剪輯我自己的電影，拿起一張張的回憶，努力用客觀的眼光檢視，但很快就變成主觀的凝視。我開始質疑別人熱情為我送上的「神奇照顧者」的稱號。

六月底的一個星期三晚上，臉上掛著淚水的我，跟好友安迪一起坐在我家沙發上。我向他坦承，我不知道我究竟算不算一個及格的照顧者。我不知道我那段日子究竟做得夠不夠好。有時候我心裡難過到一個程度，壞心情把我的最好的一面奪走。我先生的短期記憶失靈之後，有時候我一句話得說個三、四遍，按捺不住性子就發火。有一天晚上，我正在削馬鈴薯的皮，削著削著就把馬鈴薯扔向廚房牆上，也沒什麼特別的原因，純粹就是想扔個東西，一個根莖類蔬菜就是挺好的飛彈。

他第二次中風的那天晚上，他才從聖克里斯多福安寧照護院回到家兩天。我請他幫忙打開前門，迎接他的姐妹進來，因為我同時在做晚餐、洗衣服，實在抽不開身。我已經處於崩潰邊緣，那天我還得沒收他的簽帳卡跟鑰匙，因為他老是忘記，他不能再一個人在家附近閒晃，太危險了。他打開前門，隨即倒地，我覺得他二度中風都是我的錯。我覺得好多事情都是我的錯。我不希望他死在家裡。他也不想，但現在想起這些，我的心裡也不會比較好受。還有體外人工受精，對於我人生的這一章，我始終分不清是好是壞，只是到現在還有陰影。

我完成體外胚胎植入的幾天之後，感覺我的身體在抗拒這整個前提，在抗拒「我們也可以跟其他人一樣，組織一個家庭」的前提。我開始恐慌，我覺得無法掌握事態的演變，而且他離我越來越遠，越來越聽不見我對他說的話。我對他說，我一天要使用兩次黃體素陰道栓劑，用人工方式讓子宮內膜變厚，問題是陰道栓劑弄得我很不舒服。那是一種灼痛，在我的肋骨四周劇烈發作，延燒到我的背部。我說著這些，他只是默默坐著。

有一天晚上，胃酸逆流實在太嚴重，我的疼痛比以往加倍，我們進了急診室，因為我痛到無法走路。那是史上最慘烈的胃灼熱。我們坐在空蕩蕩的醫院走廊，等待值班的婦科醫師為我安排觸診與掃描。這意味著什麼，我並不是渾然不覺。我靜靜躺在醫院隔間，想鼓起勇氣，把內心的擔憂說給會診醫師聽。但我每次想張開嘴巴說話，嘴巴都一動也不動，彷彿雙唇四周的肌肉，就跟我其他的部位一樣疲憊不堪。

我默默躺著越久，越覺得我的肌纖維也許是在保護我，不讓我把真相大聲說出來，免得我被誤解、被批評、被問話。現在是午夜，我在這個急診室，想阻止時間前進的腳步。我並不是希望時光倒流，而是希望時間停在這一刻，我就能停頓在這一刻。我要是能夠創造一個靜止的世界，一切都靜默無聲，靜止不動，也許我就能再次開始感受內在的動靜，也許我躺在這個硬梆梆的床墊，希望自己死去的同時，就能感受到水原子、氫原子，以及數百萬細胞，就在此時此刻分裂、繁殖。我厭倦了疼痛，厭倦了等待，坐在我身旁的這個男人，似乎在一個遙遠的地方迷了路，而我再也沒有地圖可以為他指路。這算哪門子希望？隔天早上，我拿了一個陰道栓劑，沒拆開就又放回盒子裡。隔天也一樣。接下來的一天還是一樣。那到底是有益，還是有害。在我的人生，有時既有益也有害。

故事不是靜態的，也會分裂、繁殖，就像在我們體內游動的正在轉型的幾兆細胞。古希臘人尊崇他們的神話，因為神話可以解釋無法解釋的事情。愛與悲慟。戰爭與死亡。夜空上的新月。天上的雷，地下的地震。海洋的潮汐，星座的散布。英雄與寓言裡的動物，為他們想了解的所有元素與現象，賦予行動、言語與意義。

我先生是個務實的人，但他相信一隻渡鴉是他日後會有腦腫瘤的徵兆。他說的故事是這樣的：我們相識的幾年前的一個星期天午後，他回到他在斯托克紐因頓（Stoke Newington）的公寓。一走進臥室，就被羽絨被下方一雙拍動、顫抖的巨大黑色翅膀嚇了一跳。烏黑的羽毛拚命想甩開他的棉質床單。這隻渡鴉是從開著的窗戶飛入，自己又暈頭轉向，不知該怎麼出去。我先生體內的混合型膠質瘤依照他的生物化學機制的興致，時而變大，時而縮小，他也越來越常提到這個故事。他開始閱讀愛倫．坡（Edgar Allan Poe）的作品。

「陰沉的午夜，我乏倦疲憊。
探究眾多古雅精奇，被遺忘的典籍。
瞌睏上身，點頭晃腦，幾近入夢鄉，忽聞一聲敲門響。
似是有人輕輕叩，輕輕叩著我房門。
我尋思自語：『叩門者，必是訪客。』
『除了訪客，再無他者。』」

愛倫．坡的敘事詩「渡鴉」帶給我先生的觸動，就像現在《孤星血淚》帶給我的觸動。人生一旦扭曲，你就會開始尋找意義，開啟的書頁就是個理想的地方，好比恩尼格瑪密碼機（Enigma machine）之於靈魂。在愛倫．坡的哥德押韻詩，一位姓名不詳的男子，坐在火勢漸弱的火堆旁讀著故事，想遺忘逝去的愛人麗諾兒。他看著即將熄滅的餘燼，屋外的敲門聲打斷了他的閱讀。他打開窗戶，一隻渡鴉衝進他的房間。那是一隻會說話的渡鴉，重複說著「不復矣」，代表一個男人淒涼哀痛的心。這首詩是沒有赦罪的安魂曲，是對於愛情、失洛，以及能禁錮一個人的衝突元素的一種模稜兩可的思考。

在古挪威神話，一隻眼睛的奧丁（Odin）神，肩上常棲息著兩隻渡鴉。兩隻渡鴉一隻叫福金（Huginn），一隻叫霧尼（Muninn），在世界各地到處飛，蒐集資訊，再將在遠方的所見所聞輕聲說出，以饗主子。兩隻渡鴉的名字，在古挪威語的意思是**思緒**與**回憶**。我先生的思緒與回憶開始淡去，於是他緊緊握住幻想的翅膀，打造一個世界，飛翔的鳥兒捎來未來的遙遠國度的消息。

我看著兩隻渡鴉從安寧病房的窗戶飛走。他們消失那天，幾位護理師來了又走，斷斷續續在他躺著的床邊忙東忙西。那天下午是我們相聚的最後一個下午，現實佔領神話，麻痺變為恐慌。他的意識時有時無，想要說話，言語卻被嗎啡攪成一團稀爛，毫無能辨識的結構或形狀。液態的思緒飛濺，打到牆上，在他的床下聚成一灘，又蒸發到空氣中。我盡力搶救我能救下的，但他已經在兩個世界之間漂流，在一個暫時停留的地方，思緒與回憶都在空中飛舞，盤旋在輪椅、助行架、還有窩在他腳邊椅子上的妻子上方。

我最後一搏，想盡量留住他逐漸流失的神經元。於是我請他列出他最愛看的幾本書。他問：「為什麼現在忙這個？」我沒有勇氣告訴他，**現在不做，以後還有機會嗎？**在他生命的最後幾週，我親眼看見他的身體僵硬，縮小，一天一天將他困住，像關在金屬籠裡脆弱的鳴禽。五個月前，他開始寫一本書，主題是回憶與意識的科學原理，探討他的腫瘤是如何顛覆他所謂的「心智的隱形房室」。他將這本書命名為 *Among a World of Ghosts*。他去世那天，那個世界的邊緣延伸到六十頁。一萬八千字。

那年夏天的六個禮拜，我親眼目睹一個聰穎的靈魂的消散。他的雙手再也握不住原子筆，於是他開始口述片段的散文，是他記憶中的句子，飛濺在頁面上，就像現代主義詩歌。在他生命的最後一天，我拿著他的**iPad**，唸著他斷斷續續寫就的文章，彷彿唸誦神聖的讚美詩。

「歷史是一個豐富的名詞
一連串的故事，依照主題派列
我僅年四十一歲常有幻覺常會昏倒病情常發作身體不太穩沒辦法走路沒辦法穿衣躺在醫院病床上一根手指戳著iPad身邊的書越堆越多還有餅乾屑。」

他在生命的最後幾小時，口述最後一段作品。我打字完畢，用我的iPhone拍下他的文字。這是出於直覺的舉動，迫切想留住一個聰穎的腦袋最後的火花。

嗎啡與他的痛感搏鬥，他咬緊牙關對我說：「每個人的大腦長成都不一樣。每個人都不一樣。而且大腦跟人體其他器官不同，即使受創，也能自行重生、修復、重整。」

這些是他最後說的幾句話的其中一部分。我在二〇一九年的夏季，把這段話讀了又讀。我發誓要完成他的遺作，而且我一如往常，將這個誓言浪漫化。我讀到瑪麗·雪萊（Mary Shelley）在丈夫雪萊（Percy Bysshe Shelley）去世之後的生活。雪萊在瑪麗二十四歲那年，溺斃於義大利西北沿海。丈夫死後的一年裡，瑪麗重新啟用雪萊寫作用的書桌，爬梳雪萊在信封背面、胡亂堆放的紙片上草草寫下的片段詩句。她與亡夫合作，將殘存的詩句一節一節拼湊起來，在雪萊死後兩年，也就是一八二四年，拼湊完成的詩作出版，書名叫《遺作詩集》（*Posthumous Poems*）。

據說雪萊溺斃的屍體在托斯卡尼的海灘上火化之時，他的心不肯隨著火葬柴堆一同被烈火吞噬。他的朋友愛德華．崔勞尼（Edward Trelawny）從餘燼中，取出雪萊那顆不向烈火屈服的心，後來交給瑪麗。瑪麗將雪萊的心以絲巾包覆，連同一些骨灰，還有雪萊的作品「阿多納伊斯」（Adonais）收藏在紀念品盒，放在書桌抽屜裡，直到瑪麗於一八五一年逝世。

我讀到這一段，想起收藏在我外祖母的梳妝台抽屜的亞當．匹拉茲。要收藏一顆心，還有其他的方式。我覺得爬梳、整理我先生最後遺留的思緒，也是一種辦法。但現實的刀刃，比肌腱、骨灰、絲巾更銳利。他留給我的，是我無力重建的廢墟。不連續的句子、東一個、西一個不連貫的字詞、胡亂蔓延的思緒、不明就裡的超連結。夢囈般的散文，我再怎麼爬梳，也無法展露其中的條理與機鋒。

我整理他遺留的分析與研究，滿滿幾本筆記本，想述說他的故事，到頭來卻發現，只有寫下這些文字的人，才能述說這個故事。這個人就是我先生，穿梭在鬼魂的世界，一個苦惱的說故事的人。

我晃進衛爾康圖書館的第一天，對於要做的事，其實一點頭緒也沒有。我只是在尋找避風港。我在書堆中隨意選了一張椅子，從大手提袋拿出筆記本、一枝筆，還有筆記型電腦，開始寫東西。一開始先寫筆記。不連貫的句子，跟他寫的句子一樣。感覺的碎片。一簇簇的思緒，例如**雙手緊握**、**放手**、**墜落**、**我怕我會遺忘**。我曾看見我先生與他的記憶搏鬥。他的大限越來越近，言語卻離他越來越遠，我得牢牢抓住我自己的言語才行。我把零碎的記憶寫在紙上。例如這個：

「一九八六年，我翹著腿，坐在托兒所遊樂場的旋轉木馬上。人家跟我說，雙手要一直握住色彩鮮豔的扶手，但我腦袋裡的一個聲音一直在說，萬一我兩隻手同時放開，會如何呢？於是我就這樣做，我鬆開手，往後倒，我的頭撞在柏油路上。」

筆記本上的這段記憶，緊接著是下一頁的一句話：「我不會開車。」下方沒有額外說明，只有以黑色伯羅圓珠筆，匆匆寫下的一連串零零碎碎的思考。在這一頁的最下方，我提到出發、有了見識，回到另一個行星的太空人。我用一個箭頭把這個句子框住，箭頭指向打了格子的筆記本頁面最上方的一個詞：

「再進入」。

我閱讀是為了上升。我寫作是為了回歸。如果我的故事就像瓊．蒂蒂安的故事，是剪接室的散碎影像，那我現在就該趴在地上，就地探索這些影像，並不是要重新編排過往，而是要將我所見到的記錄下來。在這本書的一開頭，我蹲伏在地。當時的我發現，我必須放手，讓那些我無法理解的東西飄向大氣。文字無法抹去傷口與創痛，但文字能讓你了解這些傷口與創痛。我就是透過文字，了解我自己的傷口與創痛。

我在我家廚房桌上寫作，常常聽見樓上鄰居孩子的祖母，輕聲對著孩子說話。那輕柔的話語，讓我在開始挖掘過往之時，想起我要回歸的地球上的環境。我逐漸下墜，穿過大氣層，隨著樓上新生兒的牙牙語聲嗡嗡行進。空氣開始轉涼，迴盪著他的咯咯聲，我伸手要拉降落傘的拉環之際，地面進入了我的視線。

第12章

文字將我撐起來

我六歲的時候，參加一所學校的入學考試，卻壓根不想唸那間學校。我覺得我媽潛意識裡應該了解我的心思，不然也不會幫我報名那天的考試，卻又忘得一乾二淨。她連報名這件事都忘了告訴我。我記得我盤著腿，坐在教室地毯上，滿心期待說故事時間，一轉眼看見我媽在操場東闖西闖，尋找一個沒上鎖的門，讓她進入大樓。她把我撈起來，一起衝過空蕩蕩的走廊，把我放進停在外面的車子，扣好安全帶，喘著氣說：「我忘了。我們已經遲到了。」我看著驚慌的她，還覺得很刺激。

就記憶而言，那是一段充滿感官知覺的記憶：我被扔在有穿堂風的廳堂裡，一張不甚舒適的書桌上。當時還是孩子的我，難免想回到柔軟的地毯上。但那書桌可不是普通的舊書桌，而是年代久遠的掀蓋式書桌，以熟鐵托架與座椅相連。穿著制服的我打著寒顫，看著一個個身穿漿硬襯衫與褶裙的女生走入，一一坐下，不發一語卻流露自信。顯然她們比我更清楚為何來這裡，等一下要在木頭書桌做什麼。

我坐在那椅子上，感覺硬梆梆的。兩條腿在桌子下面扭來扭去。面前只有一張空白的頁面，右側還有一枝削尖的鉛筆。一位表情嚴肅的老師，在中間的走道走來走去，要我們看著前面黑板上用粉筆寫的一行字。我心想，**喔，原來我們來是為了這個**。每個孩子要以這一行字為素材，寫出一篇故事，必須在四十五分鐘內完成。我瞇著眼，看著寫字板，雙手抱胸，對這個考題無動於衷，考試結束，收卷時間到了，我交出白卷，心情是既尷尬又自豪，也搞不清楚是怎麼回事。

我向來覺得自己應該要言之有物，否則寧可閉口不言。二〇一九年的夏季，我開始振筆疾書，始終牢記這項原則。我決心將匆匆寫下的文字整理成書，言之有物的念頭就更強烈。我希望把這些文字化作能拿起，打開，翻閱的物體，希望這些文字能擁有生命，在書頁上永垂不朽。只是有一個問題，要怎麼知道你的文字已經成熟到能收割的地步？收割是不是難免會損傷文字？說到這裡，我的文字與他人相比，又有哪些突出之處？我一直回想起那個六歲的女生，手裡握著削尖的鉛筆，有滿肚子的話要說，但得等到完全準備好，才願意寫出來。

我媽最近對我說：「妳跟正常人不一樣，沒那麼愛聊。」她說的是幼兒時期的我。我說：「什麼是正常？」其實我懂她的意思。我一直到兩歲半才開始說話。我的祖母率先發難，有一天私下對我爸媽說，我也未免太文靜了些，他們應該找人瞧瞧我為何不會說話。

我若是跟一大群小朋友共處一室，通常會退縮到自己的世界，極力遠離那些吵吵鬧鬧、敲敲打打。幼兒時期的我，總喜歡坐在廚房桌子下面，聽那些聚在一起喝茶的大人聊天，聊的都是些我不可能聽懂的話題，都是些婚姻失和、房地產價格上漲、南非種族隔離、柏林圍牆之類的正經大事。我聽見的內容並不重要，這樣也好。音樂理論有所謂的和聲終止（harmonic cadence），但對話其實也有節奏與旋律。我就在那張桌子底下享受高低起伏，把言語當成音符吸收。

現在已經無法完全推敲出我不肯說話的原因，不過我覺得這應該代表我有一種天生的欣賞能力，小小年紀已經懂得敬畏語言，能體會語言是如何讓你的脊椎的每一節顫抖，從頸部到胸部再下到腰部。我的醫師倒是有其他的解釋，耳聾就是其中一種。於是我被送往學前教育中心，那裡的人叫我拿著一根魔杖，指著正確的字母。我答對了，他們驚喜之餘，也鬆了一口氣。我的母親對我的祖母說：「她沒問題，只是比較晚熟而已。」我在快要滿三歲的時候，開始說出四個單字的句子。

一九七一年，阿波羅十五號（Apollo 15）登月即將結束之際，美國太空人大衛・史考特（David Scott）現場直播月球表面的影片。那段畫質沙沙的影片，我看了幾次，用影片播放器從頭開始播放。戴著球狀頭盔，身穿太空衣的史考特映入眼簾。他左手拿著三十公克的隼羽毛，右手拿著一・三二公斤的鋁鎚。這次行動的指揮約瑟夫・艾倫（Joe Allen）說，這次的展示是「阿波羅十五號初步科學報告」。他們展現的，是距離地球大約二十三萬八千八百英里遠，一個布滿坑洞的衛星的非凡景象，卻取了一個如此平凡的名稱。史考特對著觀眾說：「我想我們今天之所以來這裡，可能是因為一位名叫伽利略的先生。這位先生發現了落體運動與重力場這些很重要的科學原理。」攝影鏡頭拉遠，史考特同時放開手中的羽毛與鋁鎚。我們看見兩個物體同一時間落在地面。

就連科學也會被神話化。伽利略做過人類史上最著名的實驗，但誰也不敢百分之百斷定，年輕時候的伽利略確實曾在一五八九年，讓兩個不同質量的物體從比薩斜塔往下墜落。應該說大多數人都能斷定，因為空氣阻力的關係，這件事根本不可能發生，但我們知道故事雖然是虛構的，科學原理還是正確的。我們知道在一個真空環境，自由落體無論質量為何，都會以同樣的加速度下降。

我這個在公共圖書館寫作的寡婦，很喜歡這個前提。完全不同的物體同時放開，會以同樣的速度墜落。並不是只有物理學家與太空人，才會做實驗測試因果關係。我從小就喜歡探究。只是我不如阿波羅十五號的機員聰明，好比說我六歲那年，在高速公路上把車門打開，就為了看看會發生什麼事。還有那天下午，我明明知道燃燒是怎麼一回事，卻還是把我心愛的泰迪熊亨利，扔進祖母家的壁爐。我還以為亨利是刀槍不入，水火不侵的，後來發現它竟然不是，著實嚇了一大跳。直到現在，我還是不忍心看它燒焦的爪子，亨利現在住在我爸媽家閣樓的一個紙箱裡，因為我的天真浪漫而慘遭橫禍，但它也是我的好奇心的最早見證。

什麼都不是靜止不動的，一切皆可刺激，皆可研究。至少我每天早上走入衛爾康圖書館，心裡就是這麼想的。我在圖書館打開筆記型電腦，置身在一堆堆的書籍之中，從佛洛伊德精神分析，到重力波天文學應有盡有。也許天底下沒有真正的完全真空，但我第一次開始述說自己的故事，我置身的空間，絕對不能有那些把我拖垮的東西。在這個情況，最能把我拖垮的東西，是悲慟的基本語言，那些文字似乎無法表達，也無法體現我所經歷的傷慟的複雜性與矛盾性。

一個平日的早晨，我與一位五十五歲的鰥夫在西敏市見面，討論我正在撰寫的一篇大報文章，文章主題正是這個：語言的極限。我們啜飲著卡布其諾，他對我說，他的妻子已經去世多年，但他還是忍不住會在地鐵對著陌生人說，他的妻子已經不在了。他幾天前才又這樣做。他問我：「要怎麼解釋你有女友，還有妻子？」我唯一能給的答案，就是不知道該怎麼解釋。

大約一個禮拜過後，我對著安迪厲聲說：「我成了寡婦，可是他的身分永遠都是我先生。」我們的身分再也不對等，我覺得很不公平。他的身分永遠停留在過去，而我的新頭銜卻像個收縮膠膜，把我整個人用一種永遠不會過期的公認的悲慟包裹起來。有時只要一次無關緊要的對話、一則善意的趣聞，這個緊繃的表面就會**啪**的一聲突然被刺穿，而我無能為力。有一天晚上，我說了「我先生」三個字，就看見一位陌生人盯著我沒戴戒指的左手看。看見的跟聽到的兜不攏。我開始覺得自己像個異類，更糟的是，我在我自己的人生，簡直像個裝假的冒牌貨。我開始修飾我在公共場合的言語，但十年來點點滴滴的回憶，怎麼可能不算數？這些回憶要放在哪裡？任何一次看似無妨的交流，只要提到他，還有我們，就會喚起我過往的人生。無聊的話語，瑣碎的私語。「喔，我先生跟我去過那家，他們的週日烤肉很好吃」，或是「我們的浴室水龍頭會漏水」之類的回答。

主格的**我**。

受格的我。

我的。

我的東西。

我開始質疑我生來使用的語言，例如**失落**、**過去**這些詞。我在這本書屢次使用「失落」一詞，但「失落」放在我的悲慟中，往往感覺很沉重，很不搭。失落意味著無法留住一個東西，好像原本擁有這個東西的人粗心大意。但放在傷慟的情境來看，什麼又叫做擁有？我究竟擁有什麼？我並未擁有我先生，愛也不是你在上班途中，從你的口袋掉出來的皮夾。我的人生走到現在，失落了很多東西，但我從未失落一個人。我離開了一些人，也有一些人離開了我。但我從未粗心到丟失了哪個人，後來又納悶此人在哪裡。說起心愛的人撒手人寰，**別離之苦**與**撕裂**當然比較貼切，但即使用在這個地方，有時也像嘴裡插了幾把刀那樣難受。感覺好尖銳、有鋸齒、有尖刺。我研究失落的英文字 loss 的來源，才又開始在日常對話中啟用這個字。

中古英語的「los」意思是**毀壞**、**毀滅**、**失落**。

原始日耳曼的「lusą」意思是**瓦解**、**消失**、**失落**。

原始印歐語的「lews」意思是**切割**、**斷開**、**分離**、**鬆開**、**失落**。

消失、毀滅、切割。我們說的失落是這個意思。作為一個主動的詞，一**個**

會動的詞，「失落」漸漸顯得合理。但悲慟的其他說法又如何呢？英文的 **pass away**、**pass over** 都是去世的意思，都帶有一個尋常的動詞 pass，意味著從一個地方到另一個地方的路線、橋樑、航行，啟程，越過，遠離。我們說死者**先我們而去**，彷彿來世是我們在未來會抵達的某個實體地點，而我們所愛的人，已經先於生者一步，前往那裡紮營。那是一個介於**這裡**與**那裡**，介於我們知道的東西，以及我們想要相信的東西之間，位在終極真空的廣大聚居地。我想，每一個寡婦鰥夫無論宗教信仰為何，總會想像一個實體的空間，另一半就在那裡等著他們。

我想像的是一條河。一條寬寬的，閃閃發光的，銀藍交織的大道。在小船下輕輕蕩漾。他在水中浮浮沉沉。我看見化成無數骨灰的他，聽見他說話。有時候我順著河水的流動，從我浸在兩個牢固河岸之間的河水的那隻手，一直到張開準備將他吞沒的河口。那河口是一個門檻，一個無法以時間衡量的地方。在這裡，他化成灰的凡間肉身與海洋相會，有些粉末落在下方黏糊糊的泥沙，其他則是消散在不斷上升的空氣中，形成一縷縷雲朵，告別所有的雜質。

堂・德里羅（Don DeLillo）二〇〇一年的短篇故事 *The Body Artist*，描寫一位年輕的寡婦在住家三樓的小臥室，與亡夫重聚。這是一則現代鬼故事，以平靜的語氣，思考悲慟所造成的創傷。一個夏季的午後，一群畫眉囀鳴俯衝，我坐在我家花園，一口氣讀完整個故事。蘿倫．哈克（Lauren Hartke）斷開外面的世界，靈魂也斷開所居住的軀體，看見一個不會變老的形體，坐在床的邊緣對她說話，說的是一種奇特、錯亂的散文。蘿倫聽見的，是荒蕪國度的一種新語言，而在這荒蕪的國度，交流與交融不再有任何意義。她在新英格蘭海邊空蕩蕩的房子裡，在每個房間晃蕩，那些沒有條理的話語，這位幽靈訪客，佔據了人世的一處空間，這個空間吞噬了她。

德里羅說這種語言是「未整理的言語」，沒有節奏也沒有速度，是流浪的字句。蘿倫聽不出那些話語的條理，因為根本就沒有條理。所有的意義都被吸入一個旋渦。在這個旋渦，形狀、結構、抑揚頓挫全都是多餘的，因為在一個很難繼續活下去的世界，要這些作什麼？在一個連想表達寂寞的程度，都無法找到貼切的言語的世界，還要語法作什麼？我讀著故事，越來越能與這位虛構人物合而為一，孤身一人住在鬼屋，看著鳥兒啄著她家窗外的餵食器，等待一個幽靈對她說些能讓她還魂的話語。

小說進行到一半，蘿倫開始覺得自己是不是需要就醫。她打電話給朋友，聽見另一頭的電話答錄機傳來用合成器合成的錄音，彷彿是個星際話筒，象徵她與整個世界的疏離。

德里羅寫道：「這種不連續聽起來怪異得很，像是一種量子跳躍，從一個字跳到下一個字。她掛斷電話，又打一次。一個字一個聲音。七種不同的聲音。不是七種不同的聲音，而是一個男人的聲音，出現在七個時間週期。但也不是男人的聲音。而且與其說是字，還不如說是音節，但也不算音節。她掛斷，又打一次。」

在這之前，我一直刻意迴避我先生的聲音，寧願聽遠方森林中葉子颯颯響，也不願意聽存放在我的 **iPhone** 的無數則語音信箱訊息。那些訊息靜靜坐在那裡，耐心等著我的拇指朝著他的名字按下**播放**。是德里羅筆下的量子跳躍答錄機，讓我燃起了播放的慾望。

二〇一五年十二月十八日　時長：十七秒
二〇一六年二月十七日　時長：十三秒
二〇一七年二月八日　時長：六秒

我先數一數有幾則。總共十六則，是四年累積下來的。最後一則是他死前三個月的時候。我點選日期，二〇一八年五月七日。螢幕顯示時間長度，十三分十七秒，我按下擴音器圖像，他柔和的聲音瀰漫在空氣中，彷彿來自魔法神燈的幽靈。

「哇，我好不容易終於到了。這裡完全沒人接待。」

我的身體開始顫抖。我按下停止，點選下一則，二〇一五年十二月十八日，時長十八分四秒。一開始沒有說話的聲音，只有風聲，大風呼嘯的聲音。他想壓過風聲，自己的聲音都變形了。我努力想聽懂他說的話，捕捉到一些片段，例如**倫敦橋**、**銀禧線**、**告訴我妳要去哪裡**。都是些日常的片段，但我掠過這些片段，沉浸在確實存在於當下的過往，感覺那最後一句一點也不尋常，反而頗有深意。

「告訴我妳要去哪裡。」

這八個字不斷重複。接下來的幾個月，我坐下來寫我自己的故事，這幾個字給了我目標。過去一年來，我走遍候機室、水上花園、旅館臥室、鳥兒啁啾的森林，尋找新發現、新體驗，希望能重新串起我的感官與語言能力，我就能暢快說出我的感受，現在我終於做好準備，要把我的感受大聲說出來。我下定決心，要更大膽一些，把我的感受付諸紙筆。

身兼精神科醫師與作者的貝塞爾．范德寇（Bessel van der Kolk）說，一個人透過語言發現自我，是一種頓悟。他在《心靈的傷，身體會記住》（*The Body Keeps the Score*）一書寫道：「受到創傷的相反，是徹底表達。」他主張我們的自我意識會分裂成兩個分支：一個會長時間監視自我，另一個能意識到當下的自我。他將第一種稱之為「自傳式自我」，將回憶與過往經驗集結成他所謂的「連貫的故事」。他寫道：「這個體系的基礎是語言。」我們在一段很長的時間講述故事，重述故事，衡量故事、展現故事，吸收新資料，再決定要將哪一個版本的自己呈現給世界，進而調整我們的觀點，所以整個體系也會時常改變。另一個分支的基礎，是此時此刻的身體感覺，大腦的一部分感覺到一種不同的，內在的事實。他寫道：「我們必須衡量，也必須和解的，是這個第二種體系。」

我現在應該與此時此刻和解，而我的此時此刻，當然包括現在與過去。我要與那個睡前要檢查爐盤開關五次的女人和解，就必須與在某個星期五深夜，逃出家門在街上狂奔的那個女人和解。那個女人大喊「救命啊，救命啊」，因為她先生拿著三呎長的門擋追打她，而鄰居們嚇得連忙拉起自家窗簾。每次我的大腳趾感到麻木，或是一條腿上下刺痛，我都會想起這些感覺第一次出現的時候。那是四年前的事了，我在佩卡姆黑麥公園（Peckham Rye），張開雙手貼在草地上，哭著喊叫，因為我們的家無處安放我的痛苦，而這塊三角形的草地，是我能去的距離最近的空間。

在范德寇的世界，語言與身體感覺之間的關係既重要又深奧。他以美國阿拉巴馬州一位失明失聰的女孩為例，證明語言與身體感覺之間的關係，能在創傷之後發揮修復的力量。海倫·凱勒（Helen Keller）七歲的時候，據她自己形容是「猶如置身濃霧中，茫茫然沒有方向」。想知道來者何人，只能憑藉此人腳步的震動判斷。要溝通，只能使用她與家人共同發明的六十種手語手勢。一八八七年三月五日，時年二十歲，部分失明的安・蘇利文（Anne Sullivan）成為凱勒的家庭教師。凱勒後來將這天命名為她的「靈魂生日」，文字進入她的世界，就像點點的陽光照入她漆黑一片的內在。她辨認出老師的手指在她的手掌寫的字，在她皺皺的生命線上，拼出水的英文字water的五個字母。而她的另一隻手，則是感覺到水泵下方涼涼的細流。這就是她得以獨立的開端。十六年後，凱勒在自傳寫道：「有生命的單字喚醒了我的靈魂，帶給我的靈魂光明、希望、歡樂，我的靈魂自由啦！」

我剛開始書寫悲慟的時候，我先生去世才過了五十二天。我的心肝肺臟壓過我的大腦，文字在家裡四處亂竄，在黑暗中還是能看見，但斷然無法捕捉。文字在我的頭上掠過，又飛過我的雙腿之間。大多數時候，我也不怎麼想抓住它們。我只是面無表情看著每一個字，計算總共有多少字，緊盯它們的一舉一動，從遠處觀察它們。它們也不是每一個都待在屋裡。有些從開著的窗戶飛出去。我把一些連同我先生的舊襯衫，全都扔在垃圾袋裡。有些直接遁入牆壁，消失無蹤。

留下來的字詞，則是成為新詞彙的一部分。當時我的語言尖刻激憤，幾乎完全繞著我的內心世界打轉。我的肌肉緊繃、皮膚刺痛，右腳有時麻木，描述身體的字詞，例如**蹣跚**、**緊握**、**擠壓**，也有了新的意義。剛開始寫作的那段日子，我能作主的空間有限。我並未選擇我所使用的語言，而是語言選擇了我。**濺出**、**搖動**、**墜落**這些狂暴的字眼，似乎佔領我的心神，竄流在我的右臂，湧入我的拇指與食指，再由我振筆寫出。

悲劇剛發生的時候，悲慟佔據你的心靈，透過你說出腹語，但這只是暫時現象，不會一直這樣下去。等到幾週累積成幾月，你開始尋找新的語言，表達細微的感覺，那些字詞就會失去力量。

我踮著腳追尋新的語言，在自然世界找到了。在樹木的沙沙聲，在碎浪起泡沫的浪峰。在土地的裂縫，在高聳的冰川日漸消失的冰。在太空的湧動，在彗尾的長串塵埃。無法預測的變化的循環。我研究雪花、樹木的年輪、蝴蝶的繭，直到四周的空氣越來越稀薄，我漸漸與現在的自我，與現在這個狂野矛盾的自我和解。經過幾個月渾渾噩噩的日子，我決心自己作主，以語言釋放自己，只是這次是由我決定遣詞用字。我寫下我的故事，就能將我的故事牢牢掌握在手裡。

范德寇寫道，我們都是幽靈，直到透過語言找到自己，只是我不太懂「幽靈」二字是什麼意思。我們都受到不同的東西糾纏，這些鬼魂可能以各種形式出現。決定鬼魂形體的關鍵，與其說是我們所看到的，不如說是我們所追尋的，無論追尋的是赦罪、某種保存、逃脫現實，或是回歸此時此刻，重新創造過去，才能與現在和解。有些人相信，幽靈是有形的現實，是夜深人靜時，昂首闊步走在霧濛濛的鄉間道路上的一縷縷形體。也有人認為幽靈是形而上的重量，是我們放在心中，隨身攜帶的過往的痕跡。我們想要理解這些過往的痕跡，只是不見得能理解。

在鬼故事中，幽靈通常是半透明的逝去的靈魂。而在現實中，幽靈可以是構成你的人生的那些回憶碎片。就我的例子，是失眠的時候，在床上翻來覆去，他撫摸我的眉毛。是我們等公車的時候，他的外套翻領掠過我的臉頰，那溼溼的觸感。是我們走到附近的酒館，一路上他的右手緊緊握住我的手。

「無論是如何綁鞋帶，還是憶起第一天上學的情景，**回憶組成了自傳的地**

圖，為現在的我們指路。」

我先生在二〇一七年五月，他死前一年多的時候寫下這段文字。那天我將他撒入水中，腦海裡不斷播放這段話。我決定寫這本書的那一天，也重讀了這段文字。有時我回想小船上的那一位年輕寡婦，但一個月又一個月過去，她隨著潮水，越漂越遠。我想到那不斷拉開的距離，也曾感到恐慌，感覺像另一次失落，直到我發現，擺動的水流與其說是讓她離我越來越遠，不如說是讓我越來越接近過渡之地。

生物學家稱之為生態過渡區（ecotone）。兩個不同環境交會的地方。突出水面的蘆葦灘。在張開的河口，淡水與鹹鹹的海水混合。我需要一些時間，才能找到我的悲慟的林間空地，在這片空地，我終於可以思考我曾經扮演的女人，以及我現在扮演的女人。坐在廚房桌下的不語孩子。把歐菲莉亞貼在臥室牆上的多愁善感的女孩。身穿古董婚紗，滿懷希望的新娘。跪在浴室地上的崩潰寡婦。在自己的生日跳著搖擺舞的狂歡者。

時間逐漸拉開我們與過往的自己的距離，卻不能將過往的我們徹底驅逐，就算可以，過去的我們又能去哪裡？我在最悲慘的日子裡，曾經祈求能消滅、消除、徹底毀滅。我拉下窗簾，盼望著我唯一能感受到的不變的東西，也就是地球的引力，能將我往下拉。有一陣子還真的可以，直到我心中的某個東西再度攪動，我的手拿起筆記本，我的文字將我撐起來。

有時候我雖然感覺像困在某一個地方，其實我一直在動。動作也許微小到幾乎察覺不出，但總是在動。我成為寡婦的第三百六十一天，我一動也不動坐在髮廊的椅子上，看著鏡中一把閃亮亮的剪刀，剪去我的頭髮。大把落髮掉在我的肩上，又散落在地上，溼溼的一叢叢深棕與銀白。吹風機呼呼作響，一位助理拿著掃把，掃去輕盈的髮絲。這次其實沒有剪去太多頭髮，但總是一次下了決心的告別。偏長的短髮，貼著我的頸部曲線。我的腦袋與我的心之間的中途站。

那天下午，我走在我們曾經一起漫步的街道，聽見我的腳底傳來的聲音。

我的高跟鞋帶著我回家，那個聲音跳動著，**啪啦，啪啦**。

跳動著，**啪啦，啪啦**。

一種獨特的，永不停息的節奏。

後記

以太（編按：希臘神話中代表「天堂」的擬人化神）

二〇一九年九月十八日

山腰起火了。我躺在可以仰躺的日光浴床上，身在安全之地，看著螺旋上升的餘燼，一隻手平放在額頭前方，遮擋正午太陽的刺眼陽光。夏末的微風中，木炭碎片在我四周飛舞，像燒焦的五彩碎紙。這並不是我期待的泳池美景，但在義大利東北岸的這個季節，也許這才是尋常風景，而且說實話，看上去還挺美的。橄欖樹散布在高低起伏的海岸線，從我們的別墅的高處，延伸到前方僅僅幾英里遠的亞得里亞海的一道鈷藍海水。我難免又開始思考，這一切的意義究竟是什麼。

內心的聲音插嘴說道，**也許就只是山腰起火了，妳改天再內省吧。**

我聽見無人機淡淡的聲響，後來才看見閃亮的機翼。龐巴迪四一五（Bombardier 415）帶著紅黃相間的俗豔外表現身。這是一架森林滅火飛機。我關上正在讀的小說，看著飛機一再盤旋在燒焦的土地的上空，欣賞它優雅的姿態，看著它圓鼓鼓的鼻子沉入藍色的海水，掠過海水表面，又再度高高飛起，越飛越高，直到準備好將液態的貨物，灑在熊熊燃燒的橄欖樹叢上。

飛機滑過一縷縷空中飄盪的煙，那煙就像水罐裡的油漆，膨脹變大，高高漲起，向上爬，向外噴。看上去既活躍，又遲緩，奇異得很。下方的我一動也不動看著，感覺這種矛盾我太熟悉了。我這才開始明白我的這種停滯。這幾個月來，我越來越無法接受自己這樣停滯不前，與我自以為的永久停頓搏鬥，但我錯了。停滯之中其實也有動作。我懶洋洋躺在這個熊熊燃燒的山腰，也能感覺到震動。

我再次看著淡黃色的飛機。兩架民航飛機在它上方飛行，噴出一個大大的白色**X**，標出地點。兩條線的匯聚點，一個交叉點。我想著在我頭上幾千英里，坐在一模一樣、整整齊齊的一排排座椅上的小小的人，無論是出於慾望、希望、義務，還是內疚，要前往一個地方，要追尋著什麼，要見某個人。我想著想著，感覺自己的肌肉緊繃。那種感覺就像是，如果我不能以純淨的慾望自由行動，那我寧願完全不動。

歷經一年來的不斷變動，我的身體渴望能暫停。我一直到幾天前，抵達蒙泰菲奧雷德拉索（Montefiore dell'Aso）這個中世紀小村莊，才感受到自己的這種渴望。我和朋友約翰、他的另一半克里斯，抵達我們的度假別墅的一小時之後，我打開碗櫃，拿出兩個盤子，盤子從我手中掉落，發出驚天動地的**哐噹**。

接下來的一個禮拜，我的眼淚斷斷續續來了又走，頻率跟上一個秋季差不多。我以步行馴服眼淚，這是我在過去十二個月學到的新招。我想，我的道理大概跟夏綠蒂．勃朗特繞著她家的餐桌行走差不多。

某天早上，我從別墅沿著蜿蜒的步道向上走，走過一座山，穿過葡萄藤，越過繞著山頂城鎮的大路，拖著腳爬上岩石刻成的石階。在下山的路與上方的教堂尖塔之間的半路上，我停下來休息，雙手放在一道牆上，牆的另一頭是金色、綠色、赭色拼湊而成的景色。彷彿是樹木自己將土地縫合，撫平土地的裂縫與破口。

我望著那些葡萄園，彷彿回到十年前，就像這一天的九月早晨，在東薩塞克斯。我先生的黃橘相間的格紋襯衫，與他腳下的金色草地十分搭配。他雙手插在口袋裡，凝視著剛收成過的田地的另一頭，刻在溫歐弗山（Windover Hill）波浪起伏的山坡的巨大身影。我從未聽過威明頓巨人（Long Man of Wilmington），他倒是讀過不少關於這位神祕綠巨人的資料，現在總算能一睹廬山真面目，興奮得很。我站在我們停好的車子旁邊的路上，看著他一隻手拱成喇叭狀，比劃著粉白色的線條，討論這位巨人可能的由來。

曾有人以為這位身高兩百三十五英尺的巨人，是附近一間修道院僧侶的傑作。多年來相傳巨人是鐵器時代的產物，現在則有人認為是十六世紀的灰泥砌成的作品。有位教授說，可能是有人刻意將巨人放置在南方丘陵（South Downs）的這個地點，以標示上方閃耀的獵戶座的位置。我望著義大利的山峰與山脊，想著幾百光年之外，遙遠的群星閃動著，發著光。

市場靜悄悄的，我走過市場窄窄的街道，聽著自己的腳步聲從保衛著沉睡村莊的石牆反彈回來。這裡只有我與石匠的傑作。我一個人從別墅出來的時候，約翰與克里斯還在睡覺，我只帶了筆記本與一枝筆作伴。我走進本地人常光顧的小餐廳，匆匆寫下零星的思緒。三位年邁的先生，打扮得極為整齊，用一種離我很遙遠的語言喋喋不休。我並不在意自己聽不懂。

古希臘人向天空尋求典範。在希臘神話，象徵著**永遠奔跑，永不停息**的以太，是宇宙的第五元素，是眾神呼出的最純淨的物質。據說這個神祕的發光物質環繞宇宙，不斷繞圈圈，串連天上與人間的一切。我們抵達義大利別墅的幾晚之後，我跟幾個朋友走在屋外的大陽台，一隻手拿著餐後雞尾酒，仰望著昏暗的海洋上方，閃閃發光的一大片子夜藍。那月光就像一條閃閃發光的通道，通往另一個國度。這裡少有汙染，夜空不受遮蔽，我們看見那麼多閃動的星星，真讓我感到驚喜。我越是瞇著眼睛，能看出的星星就越多。我的雙眼從一堆跳到另一堆，那一顆顆點綴夜空的明珠。

約翰喊道：「看！」他指向我們正上方，又拿起手機。「那應該是仙后座。」

我伸長脖子，看著約翰的食指在崎嶇的山丘上方，順著明亮的W畫線。從仙后座最亮的五顆星，就能辨認形狀特殊的仙后座：王良四（Alpha）、王良一（Beta）、策（Gamma）、閣道三（Delta），以及閣道二（Epsilon）。我仰望著這些氫與氦組成的明亮小球體，猛然驚覺我正在凝視著過往。也許是過往在凝視著我。仙后座最亮的王良四，與地球的距離大約是兩百二十八光年。也就是說那天晚上映入我雙眼的光芒，大約需要兩百二十八年，才能抵達我的眼睛。我站在那裡，想著這些古老的光線，靜靜尋找天上的訊息，很久以前寫下的話語，也許能領我走向他那一縷縷淡淡的骨灰，隨著浪潮漂流，如今在天上一層層的大氣中飛舞。

就像每一則蘊含深意的神話，在我滿懷忐忑展開孀居生活第二年的那段日子，希臘的以太傳達給我一種很神聖的意義。這種循環的元素，代表著所有我們看不見的東西，那些讓我們結合在一起的東西，從會震動、轉動的微小原子，到能壓縮、伸展的重力波，以及在我們日常生活中，時而翻湧，時而蕩漾的各種情緒。以太讓我得以與過去的自我、現在的自我連結，就像夜空的宇宙光，似乎懸垂著一條線，連結兩個世界。我在那個九月晚上，站在滿天星斗的夜空下，想起我過去十二個月的每一個連結，有些細微，有些強烈。這些連結讓我接近風景與語言，也讓我更親近我愛的人，包括我的朋友、我的家人，我想可能也包括我自己。

我先生的結婚戒指，收藏在我的臥室架上的一個小小的木盒裡。木盒旁邊擺著陶碗，裡面有他的簽帳卡與護照。這些東西即使一聲不響擺放在那裡，也還是代表著某些意義。每天晚上我關上燈，躺上我那一側的床，我想往裡面挪一挪，稍微靠近床的中間，但我的身體並不想動，所以我暫時還是只睡我這一側。

我在心底深處，還是想留在這裡。

我說起我先生，往往會提到迥然不同的世界。我的世界在時間之內，他的世界超越時間。我繼續變老，而他停留在過去，再也不會改變。我每打出一個句子，離過去就越遠。但就像天空中那些明亮的球體，我們依然相連，因為所有的時間都是循環的。那些元素存放在我的內在。我的舌頭上的骨灰，河床上他的殘餘。**我的身體會唱歌**，唱出得到、盼望，還有失落。

致謝

感謝我的家人。感謝我的外祖母以優雅、勇氣養育我的母親。感謝我的母親教導我，只要有堅持到底的精神，相信自己做得到，天底下就沒有做不到的事。感謝我的父親始終認同寫作這一行，沒有他的認同，就不會有現在寫作的我。感謝我的姐姐 Nat 提供這本書最精彩的俏皮話。感謝安迪・威爾區（Andy Welch），我最溫柔的兄弟。柔伊・比亞提（Zoë Beaty），妳呵護我，我呵護妳，妳是我生命中最亮的一顆星。強納森・金恩（Jonathan King），我該怎麼表達對你的感謝？牽著你的手，真是一拍即合。西莉亞・瓦克（Cila Warncke），我走到哪裡都心懷妳的友情。

特別感謝我的經紀人 Juliet Pickering 從未放棄我。感謝 Icon Books 給我一個家。感謝我的編輯 Kiera Jamison，處理我的文字如此精準而細膩。妳是最好的合作伙伴，是妳讓我的寫作更上層樓。感謝 Krissi Murison 的關愛與照顧，在我人生的谷底，給我最需要的鼓勵。

感謝理查．拉特克利夫與納扎寧．扎加里-拉特克利夫。希望是有羽毛的，這本書獻給兩位。

感謝眾多照顧我的朋友。提了這一位，就難免忽略了另一位。跟各位說聲抱歉，我不想寫一長串行禮如儀的感謝文。這漫長的一年沒有見到大家，還是等到見面再一一道謝。我好期待重聚的那一天。

最後要感謝衛爾康圖書館，在我的人生的暴風雨來襲時，做我的避風港。

少了你，我該怎麼辦？悲傷總是不請自來，必須親自走過，才能好好告別逝去的人和曾經的自己／凱特・李斯特 (Kat Lister) 作；龐元媛譯. -- 初版. -- 新北市：好的文化，2022.10
272 面；14.8×21 公分. --（內在小革命；64）
譯自：The Elements
ISBN 978-626-7026-18-2（平裝）
1.CST：悲傷　2.CST：死亡　3.CST：生活指導

176.52　　111011801

內在小革命 64

少了你，我該怎麼辦？

悲傷總是不請自來，必須親自走過，才能好好告別逝去的人和曾經的自己

The Elements

作　　者／凱特．李斯特（Kat Lister）
譯　　者／龐元媛
封面設計／陳姿妤
內文排版／顏麟驊

社　　長／陳純純
總 編 輯／鄭　潔
副總編輯／張愛玲
主　　編／林宥彤

整合行銷經理／陳彥吟
業務負責人／何慶輝 ✉ pollyho@elitebook.tw

出版發行／出色文化出版事業群．好的文化
電　　話／02-8914-6405
傳　　真／02-2910-7127
劃撥帳號／50197591
劃撥戶名／好優文化出版有限公司
E-Mail／good@elitebook.tw
出色文化臉書／www.facebook.com/goodpublish
地　　址／台灣新北市新店區寶興路45巷6弄5號6樓
法律顧問／六合法律事務所 李佩昌律師

印　　製／鴻友印前數位整合股份有限公司
書　　號／內在小革命 64
I S B N／978-626-7026-18-2
初版一刷／2022年10月
定　　價／新台幣 350元